非戦行脚29年

―戦前にしないために―

菅野　静枝 著

Sugano Shizue

学習の友社

〔目次〕

非戦行脚二一九年

永久平和を願って

『永久平和を願って』の碑はスガモ・プリズン跡地の豊島区立東池袋中央公園に一九八〇年に建立された。

敗戦七七年の二〇二二年一〇月一日、総務省調べによると、戦後生まれが八七・〇パーセントになったとある。

私たちの結婚は、一九九〇年一〇月一七日、夫が六二歳、私が五〇歳目前のことだった。翌年の結婚記念日は、笑顔あふれる二人だった。だが、その一四〇日後に人生は暗転した。

二回目の結婚記念日には、夫は脳外科の患者となり、死病の床で戦時下に戻り、寝返りを打てない身で私を助けた一心の叫び声をあげていた。

「しいちゃん！　燃えてきた！　逃げて！」

東京・原宿の母方の祖父宅に預けられていた敗戦の年の五月二五日、山の手の大空襲の夜になっていた。またつぎには親元の満州（現・中国東北部）に戻り、ソ連兵に夜襲されたときになり叫ぶ。「あっ。ソ連兵！　隠れて！　逃げて！　しいちゃん！逃げて！」の大声だ。ただの一度も、自分も逃げたいと言わなかった。

夫は、九三年五月二〇日、旅立った。

二人の幸せな日々は五〇五日で、私は孫娘を愛《め》でるかのように愛され、妻と称された日々は九四七日で終止符が打たれた。

私は三回目の結婚記念日、九三年一〇月一七日を夫の納骨日と決めた。

いずれの儀礼の日にも、私に涙はなかった。一人のときに泣きに泣き、涙が枯れていたのだ。

後追いばかりを考え、同時に二人で旅をした、その時をしきりに思い出していた。

私の願いで岩手県田野畑村の北山崎を訪ねた。「陸中海岸国立公園」を代表する一

○○メートルから二○○○メートルの断崖の海食地形にアカマツ林や県天然記念物のシロバナシャクナゲの群落が見事で、自然に圧倒され言っていた。

「とてつもない悲しさに襲われていたら、ここから身を投げよう」

あまりにも幸せな日々に、ふいと不安がよぎってしまっていたからだ。「しいちゃん！　いけません！　ぼくがどうして、しいちゃんを泣かせることをするの！　断じてありません。ぼくはしいちゃんを守るのが役目ですよ」と。

北山崎でのやりとりが耳のなかで強くこだまする。リビングではショパンのピアノ曲がエンドレスで流れている。夫の好みの伽羅《きゃら》の香りもただよわせている。

夜が更けてベッドルームに移る。横にならず、命の電話のダイヤルにすがろうとした。いっこうにつながらない。深夜の二時が三時近くになっても相手は出ない。あきらめてようやく横になる。

冷蔵庫のなかで果物まで腐っていた。命があったのは事務手続きごとの続出で、外出の折に何かを食していたからに違いなかった。

夫は母親を七一年に、一部上場会社社長の経歴を持つ父親を八三年に亡くし、その土地家屋を相続していた。それらが夫の遺言証により私の所有物となった。

当時は、バブルがはじけ切ってなくて、妻の座による私が得た財産をねたみ、面と向かって、いくらくらいの計算になるのか、預貯金はどれぐらいなのかと、聞いてくる人物が一人、二人、三人……といた。言わずとも似たようなやりとりが度重なり、正直、怒りよりも驚愕した。ある近隣の住民は言った。

「私たち夫婦は大学卒業以来定年まで共稼ぎをし、子育てをし、ちっぽけな家。いいわねえ。あなたは嫁に来ただけで！」

こんなこともあった。夫を殺したのは私だという電話が同じ人物から二度もあった。私は、言いたい人には言わせておけ、という考えだ。だから、電話を切らず、そのまま受話器を耳にあてていた。相手が言った。「この前も今日も、なぜ電話を切らないの」と。私は静かに、しかし、はっきりと応じた。

「私の電話の作法は、かけてきた人物が切る。そう認識しております。いけませんかしら」

相手は乱暴に、私の耳がびっくりするほどの音をたてて電話を切り、三度目はなかった。

こんなこともあった。あたたかく近よってきた旧友一人と縁者の一人は、実は宗教の誘いだった。そんなこんなの繰り返しが小一年ほど続いたのだった。

私はやさしさにはめっぽう弱い。

だが、ひとたび心無い言葉を投げつけられれば投げられるほど、東京下町育ちの私は、下町気質が全開となり、負けてたまるか！　死んでなるものか！　と心で叫んでいた。意地悪な世間こそが私の命を救ってくれたのだった。


夫の話にしたい。

夫の父方の祖父は二七年に退役した菅野尚一《すがのひさいち》陸軍大将で、母方の祖父は廣田弘毅なのだ。

夫は双方からの初孫で、廣田家に預けられて育ち、廣田邸が山の手大空襲で焼失したために親元の満州に戻り、敗戦により引き揚げてきた。本人を含め一家四人は、その祖父の別邸だった神奈川県藤沢市鵠沼《くげぬま》で五三年一月に当地に移転するまで世話になっていた。

時系列で言えば、夫の一七歳時の五月二五日の山の手大空襲であり、八月一五日の敗戦だ。翌四六年五月一八日の一八歳時は祖母の覚悟の自決があった。二〇歳の四八年一二月二三日は、祖父・廣田弘毅（元首相・外相でA級戦犯）の処刑だ。

多感な時期を、夫はまるで地面の底が抜けた思いで悩み苦しみ、生き抜いてきたのだった。かつては物心両面で、とてつもなく恵まれた立場だったからこそ、一層、逆境は私の思いの及ばぬほどの耐え難い感を持ったに違いない。

夫が突然、ぽつりとスガモ・プリズンのことを話したことがあった。

「パパ！　ぼくはパパの判決を、どうしても納得がいきません」

「たけちゃん！　パパは承知しているのですよ。地位を得ることはよいこともわるいこともついてまわるということです」

「パパ、せめて、ぼくに言葉をください」

「たけちゃん、自分に恥じない人間になりなさい」

「パパ！　お願いです。ほかになにか」

「日本語と同じように自由に話し、読み、書けるような外国語を持ちなさい」

夫は胸のうちで激しく渦巻いた廣田の祖父母へのやるせない鬱屈などなかったかのように、懐かし気に話したのだった。

ここで私のことを話したい。

私は、一九四〇年の末に東京下町に出生し、間もなく父が兵隊にとられ、母と赤子の私は父の古里《ふるさと》・栃木県藤岡町（現・栃木市）に疎開した。

祖母が町はずれで万屋《よろずや》を営んでいた。平穏な田舎町で、四歳のときに敗戦を迎えた私は、ほぼ戦争を知らずにいた。

父は私が小学校に入学する年の四七年の一月にシベリアから生還した。シベリア帰りは赤化していると非常に疎まれた当時、父の辛苦はどれほどだったろう。

父のことは別項で記したい。

私は、私の知らない「戦争」を知りたい。知るべきが私のような跳ね返りを妻にし、慈しんでくれた夫への感謝の念であり、かつA級戦犯縁者の末席に位置した私だからこその役割だと思いいたった。

一周忌の日から全国非戦行脚に出よう。北海道からの南下の旅にしよう。県都と、かつてキャンペーンガールのときの馴染《なじ》みの地と、一番過疎の自治体を訪ね、その首長と面談しよう。首長の発言力を頼る、また、高校を主とした学校長と面談しよう。これからの若者に非戦の思いを伝えてもらいたいのだもの。

納骨の日に参加してくださった方がたにその旨を告げ、反対されても断行すると決めていた。否の声は誰彼からも、すべての叔父叔母からも出なかった。夫の最後の在宅の折に、導尿までして頑張ったこと、また夫が病の辛さから、わがまま放題になり、私が大粒の涙をこぼしたのを主治医が目にし、私を呼んだ。私は諭された。

「戸籍上は確かに妻です。ですがいま、ただいまより、妻ではありません。病人は勝手を言うものです。弱者なのです。ですから、母親になるのです。心は母になるのです。わかりますか？」

私は合点した。夫の母になる！　子を成さなかった私が母！　私は大きく心に頷いて、主治医に言った。

「承知しました。かつてテレビタレントだった私です。感情移入して、母になります！」

そのような事柄を私は叔父たちに伝えていた。私の看病への評価が行脚への了解となっていたのだ。

九四年五月二〇日に夫の墓所に行き、その足で北海道行きの寝台列車「北斗星」の乗客になった。翌九五年八月一五日の敗戦五〇周年の一年三か月の旅のはずだった。挨拶状にも、そう記していた。

だが、各地の空襲を学び、それ以上の理不尽極まりないヒロシマ、ナガサキに圧倒され、戦場にさせられた沖縄を歩くうち、生きたくても命を奪われた人びとの存在、またお身内のやりきれない思いに私は打ちのめされていた。

私はようやく夫の死は「人間としての真っ当な最良の死」だと得心がいったのだ。ましてや後追いなどと考えていた狭弱な愚かさを恥じていた。

それ以上に「戦争」がなんたるものかを小指の爪の先ほどしか知らない自分だからこそ「戦争の世紀の二〇世紀」の終わる二〇〇〇年一二月三一日までの行脚にしようと決めた。

九五年が過ぎ、九六、九七、九八、九九、二〇〇〇年と旅を重ねるほどに、別種の戦争の深い傷跡に触れることとなり、いよいよ行脚を終えることができなくなっていった。

ただいま二〇二三年八月二二日現在の状況を、話しておきたい。

訪ねた自治体数は七〇〇。それらの自治体で国会議員になられた方は、北から北海道知事の横路孝弘氏、山口県下関市長の江島潔氏、長崎県知事で農水大臣となった金子原二郎氏、沖縄県知事の大田昌秀氏、沖縄県読谷村長でのちに県の収入役となった山内徳信氏、なお、青森県では豪雨と医師の学会とスポーツ大会のなか、宿を手配してくれた共産党職員の高橋千鶴子氏の計六人を数える。

なお行脚当初の九四年七月には元副総理のカミソリの異名をとっていらした後藤田正晴氏に面談の機会を得ていた。またお会いした学校長は一〇六人を数える。

ただいまは二〇二二年八月からこれまで一一人の国会議員を議員会館にお訪ねし、二一年九月刊行の初著作『私の非戦行脚』を前にし、戦前にならないためにと訴えている。

また折にふれ各種の署名活動はすべて対面方式をとり、ときには参加会場で、『私の非戦行脚』の販売行動などで、延べ三万半ばの方がたの戦場体験、戦時下、戦後体験を伺っている。

くわえて、二二年二月二四日のロシアのウクライナ侵攻によるウクライナ戦争で「戦争」の惨めさを突きつけられることとなった。

そこで大きく取り上げられることはないが、私の一番危惧することが散見させられた。

逃げる際に足手まといとなる幼児、身体障害者、高齢者を祖国に、あるいは他国まで一緒だったが、そこで置き去りにすると報道にあった。ならば精神に変調をきたした者も同様だろう。

極限状態になるとたとえ親でさえ、わが身が第一となる。かつてわが国でも満州からの引き揚げ時、戦場になった沖縄県でも、より弱者が見棄てられたことを知った。

昨今の報道で勇ましい言動を良とする為政者の大軍拡や改憲論に身震いする。なぜに大日本帝国時代のまやかしにすがるのだろうか。

だからこそ、体験者は声をあげてほしい。一個人の思い出したくもない地獄だからと口を閉ざすのではなく、平時が戦前とならないために話してほしい。追体験するのはあまりにも辛いだろう。それでも声をあげてほしい。

そうでないと、敗戦時におおよその人びとが国にだまされたと言っていたことの繰り返しになる。

お身内が辛気くさいと一瞬たじろぐかもしれない。だが後に、あれは生きた教科書だったと肝に銘ずるはずだからだ。

実は、自戒を込め、父との一度きりのやりとりを思い出している。

高校生の私は、家を外にする勝手な父に逆らってばかりいた。常に父は黙って私の言い分を聞いていた。私は娘として、真っ当なことを言っていた。

初めて見る父の悲し気な目だ。その目で私の目を真っ正面から見つめ、実に切な気に、ぽつりとつぶやいた。「静枝が大人になり、わかるときが来ればわかる」と。

この近年、幾度もそのやりとりを思い出していた。二二年夏、戦後七七年の夏に短い文章を週刊『金曜日』の「八月のテーマ『戦争』を考える」に書いた。題は「戦争の深手負った父の失踪」だ。

平時の昨今でさえ、体制真ん真ん中の職である警察官の署内での拳銃自殺のニュースを時折知ることになる。

父の話をしたい。警視庁警察官だった父は兵隊にとられ、一九四七年にシベリア抑留から生還し、職場復帰を果たした。

「生きて虜囚《りょしゅう》の辱《はずかし》めを受けず」の戦後直後の時代、シベリア帰りに職はなかった。だが、大混乱の時代にあって、父は元の職場に戻れたのだった。といっても、上司や同僚の侮蔑と非情さは想像を超えるものがあったに違いない。

父は仕事がら、戦争で夫を亡くした女性にも多く会っていた。父の制服姿はさまになり、男っぷりもいい。当時、小学生の私でさえ、女性との噂を知ることになった。

その父は一方、教育熱心で、私を東京・江東区立の名門校に通わせ、大学でも大学院でも好きなだけ勉強するように、が口癖だった。

私は高校三年進級と同時に学校が終わると、その足で予備校に通い、浪人生とともに勉強した。……なのに……だ。入試寸前の大晦日に父の失踪が明確となった。

私に残されたのは気弱な母と、小学五年と小学二年の妹と、父の残した借金がいまの金額にして三〇〇万円ほどと、高額家賃の団地居住費だった。

元日の夜、無理心中を考えた。だが、まんじりともせず二日の朝を迎えてしまった。それは、幼すぎて父に反抗もせずに静かな寝息をたてている妹たちのか細い首があまりにも切なすぎ、また首を絞められた三つの死体と、テラスハウスの二階の部屋の桟に母の腰紐二本を首に二重巻きにし、ぶら下がる己の姿にためらったからだ。

亡夫も戦争の深手を負っていた。ゆえに私は断固戦争反対の非戦行脚者となった。

父は七〇年一二月に五〇歳で旅立っている。当時三〇歳の私が八二歳となり、父の辛苦の一端がようやく私にもわかったということだ。

それというのも父の死去の知らせに私たちはためらい、駆けつけることができなかった。実はその年の春に父を呼び出し、下の妹も五月に二〇歳になる、正式に母と別れ、男の四九歳はまだ若いのだから、そちらでの人生をまっとうしてほしいと伝えた。父はこのままでいいと苦く笑い、帰っていったのだった。

女剣戟師座長　浅香光代さんが父を語る

昭和二〇〜三〇年代の浅草は、ロック座や映画館が隆盛きわめていた。女剣戟《けんげき》も盛んで、早変わりの二代目・大江美智子、剣の達人の不二洋子、なかでも若手の浅香光代さんは群を抜いて人気があり、ロック座の北東に位置する奥山劇場に出ていた。

父が浅香さんと昵懇で、私も楽屋に幾度もお邪魔していた。浅香さんは実にほれぼれするほどの男っぷりで、この世の者とも思えなかった。国定忠治、沓掛時次郎、番場の忠太郎などを演じる。銀幕のトップスターの長谷川一夫より、浅香さんの方が上と、私は思っていた。

浅香さんは一九歳のときに有力政治家の子を身ごもり、続けてもう一人と計二人の子をもうけていた。公にならず、相手の方は国会の場で倒れ、そのまま天に召されてしまった。

浅香さんの上の子が小学校に入りたてのとき、兄弟そろって浅香さんに言ったという。「お父さんになる人を見つけました」と。

それが父だった。父はさみしい育ちの人だった。きっと幼い兄弟が自分と重なったのではなかろうか。兄弟は父に「お父さんになってくれませんか」と警察官の父に言ったという。


私は、在宅時に新聞のテレビ欄のワイドショーで浅香さんの名前を見て、スイッチを入れる。

「やさしいおまわりさんがいてね」と語る浅香さんの姿が映る。私が気がついただけで九〇年代が六～七回。また二〇一四年にも、たて続けにテレビの画面のなかで、ご子息と父の顚末を話していた。司会者のなかには涙ぐむ方もいらした。

一九九九年から二〇〇四年にかけて、ミッチー・サッチー騒動があった。浅香さんと野球界の野村克也監督の妻・沙知代さんのバトルだった。

私は数十年ぶりに浅香さんに会いに行った。

「金ちゃん（父）は本当に親切だった。あるときは制服のまま店（料亭）の集金に行ってくれた。ありがたかった」と。居合わせた芸能レポーターが「いまなら、警察をクビだ」と口をはさんだ。「いい時代だったのよ。女だからずいぶんなめられて、金ちゃんにはあれこれ助けてもらった」となつかしんでくれた。

私は思い出していた。

高校生の頃、学校帰りにある下町の劇場に来るようにと父が言い、席も取ってあるとのこと。「出演者の誰もが一生懸命。しっかり見ること」と父は言う。私は何か特別な浅香さんの出番かと思っていた。それにしても幕が開いても父は姿を見せなかった。

浅香さんが登場した。ほれぼれする姿だ。浅香！　光代！　と客のかけ声がする。父が突然、浅香さんに斬りかかる役で登場。目を見開き見るうち、父は斬られて舞台から消え、次に別な衣装で登場してきた。

世の中がいまだ落ち着かないころで、座員が逃げ出した際の舞台の助っ人になった父だった。

さらに、その数年前の父を思い出していた。

父にとっては古巣の警察学校での警察官の運動会だったと記憶している。様ざまな競技に父は活躍していた。最後にいい見せ物があると言い、仲間のところへと小走りで追って行った。

最後は仮装行列だ。いつもが緊張を強いられる立場だからか、会場中が弾けている。突然、大きな笑いが声や口笛や奇声があがった。

大声が飛んだ。「よう！　金ちゃん！　色っぽいよ。いい女だ！」

父が真っ赤なスカーフで髪を隠し、同じく真っ赤なスカートとハイヒール姿で男にしなだれかかり、もつれ合いながら、私の目の前を通る。夜の女、いわゆるパンパン、街娼の姿になっていたのだ。

一三年に母が旅立つと、父のことを大人として話せる相手は浅香さんだけとなった。そんなときの一七年九月のある日に浅香さんから三度も電話が入った。早速会いに行った。

浅香さんは二〇年の暮れに、九二歳で旅立った。身内のみの通夜を承知で参上した。そこで私は、ようやく父の死に得心がいったのだった。

非戦行脚二一九年

映画「キクとイサム」の高橋エミさん

高橋エミさんが映画『キクとイサム』に出演したのは一一歳のときだった。

今井正監督、水木洋子脚本による映画で一九五九年四月一〇日（皇太子・現上皇の成婚日）公開、キネマ旬報、ブルーリボン賞、ＮＨＫ映画賞のすべて第一位で各映画賞のトップを独占していた。

映画は、敗戦後の日本に駐留した進駐軍の米兵と日本人の母との間に生まれたキクとイサム姉弟が肌の色が黒いことから差別を受ける物語だ。

エミさんの日常も映画と同様で厳しい現実があり、父親に会ったこともなく、祖母に育てられたのもキクと同じだった。

エミさんは初出演とは思えないほどキクその人になり、歌うはタップを巧みに踏むやらの名演技だった。

そこで出演依頼が数多く舞い込んだが、エミさんはすべて断っていた。「似たような役しかまわってこないと思ったからです」とエミさんは言うのだ。実に賢い選択をしていたことになる。

今井正監督、脚本の水木洋子氏は映画史に嶄然と位置する名コンビで、その両人が世に問う映画『キクとイサム』だった。

エミさんは物心ついてからの日々が肌の色が黒というただそれだけのことで不当な扱いを満身で受けていたからこそ、今井正、水木洋子両人の寛容さにふれ、心のこもった扱いに、幼いながらに、絶大の信頼を寄せたのだ。

今井監督は九一年一一月に永眠した。氏はその最晩年になっても心配りのあふれるハガキをエミさんに送り届けている。

一方の水木洋子氏はエミさんを養女にしたいと申し出るほどエミさんを世に出してしまった責任（?）をまっとうしようとしていた。家に招くのは無論のこと、エミさんの歌への思いをかなえるために幾人もの著名な指導者を与え、かかる費用も何もかも水木氏の支援があってのことだった。

エミさんは「私にとって、二人はおとうさん、おかあさん」と、慕い続けて今がある。水木氏のことを「おふくろさん」とも言っている。

エミさんを生後七日目から育てた祖母・美代さんのことを記したい。

美代さんは神田の商家育ちで明治生まれだ。

私は深川・向島で少女時代を過ごしているので、下町気質は承知している。

意地っ張りで情け深い、そのうえ負けず嫌いの三拍子が下町の女なのだ。

美代さんのエミさんの育て方が興味深い。

「クロンボ！　といじめられて泣いて帰ったら、ばっばは家に入れてくれない。いじめっ子をやっつけてから、笑顔で家に帰った」

実際、いじめっ子とやりあうために、カバンを放り投げて、取っ組み合いのけんかをする。相手が家に逃げ帰ると、その家まで追いかけて、その母親に言うのだ。

「あたしのことクロンボ！　っていうの。おばさんは親なんだから、ちゃんと注意してください」

そう言って帰ってくる。

エミさんは『歌手　高橋エミ』となった。

歌いの場は全国各地。地元の東京北区では、毎年一〇月にJR、地下鉄南北線、都電の王子駅近くの「北とぴあ」で『高橋エミコンサート』が開催される。

エミさんの歌をCDで初めて聴き、魂で歌っているその声にたちまち魅了されてしまった。エミさんの歌には人生の裏打ちがあり圧倒される。

声質は女性としては野太く、と言っても男性的でもなく、類のない何とも表現しえない声質で、心を鷲づかみにされていた。

エミさんのCDを聴きながら家事をしていて、家のなかをあちらこちらとするうちに、あれれ、音が飛んだ。どうしよう。あわててラジカセの会社に電話を入れた。係の答えは、単三の六本のアルカリ乾電池の寿命は四時間ほどと言って、電池を入れ替えた。

その日の深夜三時過ぎに、ふと目覚め、枕元のラジオのスイッチを入れた。NHKのラジオ深夜便だ。歌が上手と定評のある男性ベテラン歌手だった。事実、上手だ。だが、一曲の半分も聴かないうちにスイッチを切った。

技巧だけだ。心がない。

寝惚《ねぼ》けながら、美空ひばりさんを思った。ひばりさんなら、エミさんと男性歌手の歌声を何と評するだろうか。ひばりさんが旅立つと、待ってましたと言わんばかりに二～三の週刊誌がひばりさんの出自を暴いた。

〝差別〟ほど醜く、恥ずべき行為はほかにない。

エミさんの歌はどれもこれもすばらしい。一般的には山田孝雄作詞・浜圭介作曲・小笠原寛編曲の『ブルース』だ。泣かせる歌だ。

私の一推し二おしは加藤日出男作詞・山崎泉作曲の『生きる！』『ありがとう　おばあちゃん』だ。

『生きる！』の詩はこうである。

♫戦争に負けて　わたしは生まれた　人目を気にすりゃ　街は砂漠さ　「どうして生きようか」　星にたずねた　「逃げないで生きてゆくさ」　旋風（かぜ）もつぶやく　こだわりを　すてて　さあ！　ふりかえらず　旅路を　うたえ！　愛する歌　いのちの……

『ありがとう　おばあちゃん』はこうだ。

♫おばあちゃんの　口癖　明るく生きるんだよ　そうすりゃあ　運命の扉が開くん
だから……

映画「キクとイサム」の高橋エミさん

上野駅地下道の戦争孤児・賀子さん

二一年九月一六日のNHK「ラジオ深夜便」四時五分からの放送に耳をとぎすませていた。

鈴木賀子《よりこ》さんが上野駅地下道で弟と生き抜いた敗戦の年の秋の出来事を話していた。私は二冊の書籍で賀子さんの壮絶な人生のことは想像できたが、それらに地下道での日々は二〜三行しか書かれていなかった。

だが、ラジオではことこまかに語っていて、私はNHKと東京大空襲・戦災資料センター宛てにハガキを出し、賀子さんと連絡をとった。

三月一〇日の下町大空襲以前に賀子さんの父親は病死していた。母親と長姉、そして次姉、国民学校一年生の賀子さんと三歳の弟の五人家族で、母親と長姉は三人に先に逃げなさいと言い、次姉が弟を背負い、猛火を北北西三〇メートルの烈風の起こす火柱の海を逃げのびた。母親と長姉とは、それきりで今世の別れとなり、亡くなった場所もわからず遺品の一つも手にすることがかなわずじまいとなった。

次姉は一四歳で高円寺駅の勤めがあった。賀子さんと弟は大井の叔母のところまで歩いて行った。そして数日後は尾久の叔父のところへと。

そんなある日、叔父の知り合いの北海道は小樽の女性が二人を預かりたいと訪ねて来て、小樽へと海を渡った。

そこでの半年間の日々は容赦のないもので、賀子さんは二階の窓から下へと突き落とされた。四歳になっていた弟が姿を消した。弟は小樽駅でうずくまり「ご飯が食べられなくてもいい。東京へ帰りたい」と賀子さんに泣いて訴えた。

賀子さんは女性に、東京に帰してくれと幾度も頼み、青函連絡船まで送ってもらった。女性は弁当を買ってくると言い、帰らなかった。

連絡船も、青森駅からも、すべては乗務員の心遣いの無賃での旅となった。空腹に耐えられずに乗務員から食べ物を分けてもらったり、折々下車しては弟を駅に残し、七歳の賀子さんは農家を訪ね歩き、握り飯をもらい弟と食べて、また汽車に乗る。そんな繰り返しの末に、数日かけて東京に戻ってきたのだ。

賀子さんの言によると、乗務員たちは農家の次男三男などで、七歳と四歳の孤児の辛苦を説明せずとも察してくれてのことだという。

高円寺駅勤めの次姉は二人を見ると、泣きに泣いた。姉の暮らす寮にいられたのは二〜三日で、寮の人の品物が紛失したときに、賀子さんたちに疑いがかかったのだ。

賀子さんと弟は、上野駅の地下道にいくほかにすべはなかった。

そこは日に二〜三人、多い日には六人もの死者が出る。多くは餓死者で、凍死者もあった。

次姉がときとして差し入れをしてくれる。それだけでは二人は飢え死にしてしまう。賀子さんは弟とともに生き抜くためにはかっぱらいをするほかはなかった。上野公園で弁当を膝にしている人にとって女の子の賀子さんは警戒されにくい。男児と組み、賀子さんが近づき、次に男児が弁当をひったくり逃げる。

賀子さんは駅の近くの店で、盗みもした。仲間は「すぐに食べろ。そうすれば捕まえられ殴られ蹴られても、食べ物は胃のなかだ」と言った。だが賀子さんは弟のため、二人で食べるために、何物かを手に逃げるほかはなかったのだ。

次姉が二人のために孤児施設を探してくれた。弟は入所できたが、賀子さんは入所することがかなわなかった。

賀子さんは茨城県守谷の叔父を頼った。

そこで幸運な出会いがあり、〝高梨さん〟宅で小学二年から中学三年まで世話になった。

賀子さんは二二歳で結婚をし、三人の息子と孫もいる八五歳の現在だ。

証言するようになったのは六〇歳を過ぎてからで、地下道で亡くなった多数の存在を世間は知らないままになってしまうからだと言う。

また、弟は二〇歳で自死し、次姉とはいつしか疎遠となり、五〇歳の旅立ちだったと語った。

賀子さんは突き抜けて明るい人生の達人になっている。

三地獄を生きた長崎の被爆少女

私は九九年にナガサキの被爆者X子さんの三地獄体験談をうかがっている。だが、前書『私の非戦行脚』では、同性としてあまりにも痛々しく、ペンをとることができずじまいだった。

長崎がナガサキと化しての地獄を生きて

X子さん宅は大家族で、八月九日の原爆投下で即死した人、行方不明のままの人、数日は命があったものの息絶えた人と様ざまで、X子さんと母親の二人になってしまった。X子さんは弱った母親を守りながら、種々の材料を拾い集め、小屋らしきものをつくった。

そこでは母親をひとりじめにする喜びを味わったのも束の間、母親は命が尽きてしまった。X子さんは一人で死者を旅立たせる作法にならい、涙もぬぐいもせずに弔った。

残された望みは一つ、兵隊にとられた兄の生還だった。兄は生きている、そう心に言い利かせ、留まると決めた。

ある夜にX子さんは強姦されてしまった。精一杯、全身で抗った。大きな叫び声もあげ続けた。助けに駆けつける人などいない。

X子さんには頼る身内は皆無だ。帰ってくる兄に会うまで、家のあったこの焼け野原から離れるわけにはいかなかった。

X子さんが逃げずにいることが男の勝手な解釈を生み、夜が更けると度たびやって来る。獣欲を存分に味わうと男は「またなぁ」と言って消える。

兄が生還した。二つの地獄を超える喜びでX子さんの胸は自分でも驚くほど高鳴ってやまなかった。

……だが、だ。戦地からナガサキへと真っ直ぐに戻った兄には原爆の知識は乏しかった。家族を失った無念と、母親が最後まで生き残っていたことを知ると、なぜに母親を守り切れなかったのかの憤りが暴力となった。兄はしたたかにX子さんを殴り、蹴り続けた。それも数かずの罵声の限りを浴びせての行為だったのだ。

X子さんは少女の恥じらいとたしなみが入りまじり、犯されたことは口に出せずに兄のなすがままにしていた。兄とは決別だ。独りぼっちで生きる。頼るのは自分だ。これからは強く生きるのだと自分の心に叫んでいた！

X子さんは私に被爆体験だけを伝えると決めいていた。だが、私が沖縄県渡嘉敷島での「強制集団死」で、一六歳の金城重明氏（二〇二一年死去、キリスト教牧師）が兄とともに母親、妹、弟に手をかけてしまったことや、元兵士が亡くなった仲間の「人肉食」で生き延びたことなどを話すうちに、打ち明ける気になったと言った。

昔を話し、しばし沈黙し、ぽつりと言った。

「強くなりすぎたから、階下の子や孫とほとんど行き来がない」

だからか。外階段の住まいで、私が訪問する際に家族数を尋ねたが、手土産はいらないと言った。だが、私は数人用を持参していた。

あれやこれや話すうちにX子さんが言った。

「体は何事も起きずに今日までできた。でも、……いっそ大病を患えば子や孫の皆がやさしくしてくれるだろうか」

私は思わず大声になり、「何をおっしゃるんですか。すべては命があってのものではありませんか。この長崎で広島で今日か明日かもしれない命で、のたうちまわっている方が多数いらっしゃるはず。その方がたに対して無礼です」と言った。

X子さんは我に返った。「あぁぁ、ありがとう！　あぁっ、これまで誰にもしゃべれなかった。ようやく娘のころの話ができた。体、いいや、心が軽くなった。年下のあんたに甘えてしまったね。まったく！」

それから二人して、売り物にならない親指ほどのふかし芋を食べながら、笑顔で世間話を続けていた。

三月一〇日　言問橋のたもとで

先の大戦時、米国は豊富な財力と情報を駆使し米国本土に下町を再現していた。いかなる手段を講じれば首都の下町が灰燼《かいじん》と化し、頑強な抵抗に大きな一撃になるかだ。

一九四五年三月一〇日は大日本帝国の陸軍記念日で、風速三〇メートルの北北西の烈風が吹き荒れていた。〇時八分からの約二時間半で、江東区、墨田区、墨田川対岸の台東区の約四〇平方キロメートルのぐるりを、先発部隊がナパーム性焼夷弾を落として火の壁をつくり、人びとを逃げ出せないようにして、そこに油脂焼夷弾や高温と火花を出すエレクトロン焼夷弾を約二〇〇〇トン、一〇〇万個以上もばらまいた。

隅田川の言問橋《こととい》は両側から逃れてくる人の五〇〇〇人から七〇〇〇人の死者が出た。むろん、川に飛び込んだ人もいる。幾重にも人が重なり、それらの人びとを踏み台にして助かった人も存在した。計三区の死者は一〇万との説が多数だ。否、二〇万という説もあるのだ。

私は、一九四〇年に東京下町に生まれ、父が兵隊にとられ、赤子の私は母親とともに平穏な田舎町に疎開していて命を拾っている。もしや下町在住のままならば命はなかったろう。よしんば母が私を庇《かば》い、私ひとりが助かったとする。四歳の私は数日後に飢え死にしたに違いない。

あぁ！　三月一〇日！

気がつけばこの十数年来、言問橋の台東区側の隅田公園にある「戦災慰霊碑」に手を合わせ、佇《たたず》んできた。慰霊碑には「あ、　東京大空襲　朋よやすらかに」とある。

私は体験談をうかがいながら、折々の署名活動をしている。

一二歳で被災した女性は焼けただれたケロイド状の顔をむき出しにしていた。顔面全体が凸凹になり片眼は赤んべえ状態だ。そこにぽかりと鼻の穴が二つある。

私は花粉症でつばが幅広い帽子に眼鏡にマスク姿だ。「花粉症なので……」と頭を下げた。

「いいのよ、お気になさらないで。あの三月一〇日の一二歳の日から、この顔ですもの」と実にやさしい声で署名してくださった。

また、私より一〇歳ほど年長の三人連れに声をかけた。女性が言った。「兄と私は署名する資格はないの」と。彼女たちが立ち去った。すぐに一人が走り戻り、署名しながら「あの兄妹は川のなかから助かったんだよ」と言った。

私は一人合点した。川のなかで人びとを踏み台にした。身軽な一〇代半ばの兄妹は命を得、心を痛めて、言問橋の碑の前で合掌して戦後を生きてきた。当時の家族は川のなかか？

一九年のことだったろうか。やたら若者が来訪した。いぶかる私に女子大生の二人連れが「スマートフォンのポケモンGOで来ました。大空襲も碑のことも知りませんでした」と話す。碑の由来を話す私に、署名すると、すぐに戻りますと足早に去り、走って帰ってきた二人の手には供え物があった。

私は幾度も「ありがとう！」と言っていた。

私は二一年に学習の友社から『私の非戦行脚』を刊行した。活字離れのはなはだしい昨今だ。私が役員だった書店も〇八年に閉じた。

ならば、と私はピンク地に白抜きの文字で〝私はこちらの著書の本人です〟のタスキを注文し、手売りすると決めた。

二二年三月五日（土）から雨天の八日以外は一〇日（木）までを言問橋の碑の近くに佇み、一一日からは近くの浅草公会堂一階のギャラリーで「東京大空襲記念資料展」が前日一〇日から一三日まで開催される。その公会堂前でも活動した。

本を頭上にかかげ「消費税反対の私は、消費税はいただきません」「ロシアがウクライナの原発までターゲットにしています。原発反対の私の頭は丸刈りです」と帽子を取って見せる。私は考えすぎているのだろうか。

近年のこの日本という国は戦争をしたがっているとしか思えない。戦争とは外交の失敗だ。輝かしい九条を、日本の宝を再考しよう！

10・10空襲　空襲の後が戦場になる

A級戦犯の縁者の私に飛び切りおおらかで、心からの対応をしてくれたのは沖縄県だった。

那覇市では初回の九五年六月に助役の山里守謙氏とお会いし、九七年六月二六日には市長の親泊康晴氏と面談した。

市長はおっしゃった。「自治体が休みの日にはどうしていらっしゃいますか」と。「観光の沖縄と言われておりますが、私には観光できません。沖縄戦がなんであったかを学ぶために県立、市立の図書館で過ごしております」と応じた。続けて言った。「ある男性が小学生のころの体験を書いていました。『自分と同じ年頃の男の子が父親に手を取られて逃げて行く。それを四～五歳の女の子が泣き叫びながら追いかける。時おり父親が石を拾い、その石を女の子に投げてずんずんと走り去る。女の子は捨てられたのだ。それを全部、物陰から見ていた』」とあった。私は直感していた。少年自身の体験をつづった文章なのだと。

市長は大きく頷いた。私は重ねた。

「やはり、そうなのですね。私の一人合点ではなかったのですね」

それが戦場になった沖縄県では当然の出来事だった。

満州（現・中国東北部）からの引き揚げ時も、親にとってより連れて帰りやすい、逃げやすい子を選んでいたとの報道もあった。

市長が、ぽつりとおっしゃった。

「一〇月一〇日の出来事をご存じですか」

私は首をかしげて言葉が出なかった。市長もしばし無言で、ようやく悲し気に言った。

「そうなのですね。沖縄に心を寄せようとなさってらっしゃる菅野さんでさえ、お気づきにならなかった……」

私は、ただ黙っていた。

「一〇月一〇日、那覇の九割が焼失したのです！　それまで沖縄に空襲はありません。初空襲！　10・10空襲と言います。空襲とは、そこを戦場にするために、まず見通しをよくする。そのための空襲です！」

私ははっきりと知った。私の出生地の東京下町の大空襲も、首都東京を最後には戦場にする目標があったのだ。各地の空襲も、またヒロシマ、ナガサキも戦場になったかもしれなかった。

私は深々と頭を下げた。

「本当に申しわけございません。お誓いします。勉強して、そして沖縄のことをヤマトに伝えます」

私は帰りしな、それだからこそ、手帳を差し出し、願い事をした。

親泊市長は「一〇月一〇日、事実上の沖縄戦の始まりである。命どぅ宝」と横書きの下に「世界にない平和憲法を守ろう」と縦書きし、そして立場と名前を明記してくださった。

帰りしなの私に「旅の御無事を祈ります」とやさしい物言いでおっしゃった。

私はしっかり図書館で学ぶと、心していた。

四四年一〇月一〇日の県都・那覇の空襲。

同じ日付の二〇年後の六四年一〇月一〇日に東京オリンピックが華やかに開催された。

当時の沖縄県は米国の占領下のままだった。沖縄が本土に復帰したのはオリンピックの七年と七か月後の七二年五月一五日のことだ。

国も開催地・東京都も、米国に沖縄県を差し出したままの一〇月一〇日のオリンピック！　なぜに「10・10空襲」に思いをはせなかったのだろう。

戦後七八年たったいまも過重な基地負担を押しつけ、そのことから生じる事件、事故も間断なく起きている。

国は辺野古新基地建設も代替地がないとの一点張りで、建設続行中なのだ。

不可解な数字がある。復帰当時の沖縄の米軍専用施設面積は日本の全米軍専用施設面積の五八・七パーセントが、二〇年一一月では七〇・三パーセントになっている。

鉄血勤皇隊　健児隊

沖縄県知事・大田昌秀氏との二度目の面談だった一九九七年六月四日のことを記したい。

執務室の方がゆっくり話ができますと案内された。教室ほどの広さの、ぐるりが分厚い書籍の並ぶ書棚のある部屋だった。

沖縄の現状を縷々《るる》お話しされ、それだからといって、基地を他の県などに託すことを望むものではなく、いざ事がおきれば基地そのものが標的となる。せめて、そのことを知ってもらいたいとのことだった。

一一時三〇分から三〇分間の約束が、小一時間たっていた。話の段落のときに私は「知事は午後のお約束が数々おありかと存じます。そろそろお暇《いとま》いたしましょうか」と述べた。

するとと公人の知事のお顔から、ふいっと私人の顔つきになり、小さな声になり、おっしゃった。「健児隊、鉄血勤皇隊をご存じですか」。私は大きくうなずいていた。「男子生徒一七八七人以上が軍に動員され、九二一人が戦死です。女子生徒は七三五人で二九六人が犠牲になりました。……実は助かった……なのにです」。そこで言葉が途切れた。しばし沈黙し、しぼり出すように言った。

「精神を患い……親御さんやお身内の方がたは、いっそのこと戦争で死んでくれればよかった。それが沖縄戦、戦場です！」

私は小学四年生のころ父に連れられて千葉県市川市国府台の遠縁の家に数回行ったことがあった。あるとき風の流れのせいか、大人の男の人の呼び声、脅える大声や泣きわめく声が聞こえてきた。それは国立精神・神経センター国府台病院の元兵士たちの騒ぎの声だった。

鉄血勤皇隊　健児隊

大田昌秀青年は早稲田大学三年生のときに沖縄戦をともにした友人たちと『沖縄健児隊』を刊行し、出版社倒産で収入は得られなかったが、松竹で映画化された。

大田氏にとり、一〇代で戦場に駆り出されたおぞましい日々は忘れることはできないとおっしゃった。なお、七七年には『鉄血勤皇隊／戦場の少年兵士〝血であがなったもの〟』を那覇出版社から出している。

大田氏は一九二五年に沖縄県久米島に出生した。四五年の沖縄師範学校在学中に鉄血勤皇師範隊の情報宣伝を任務とする千早隊員二二名で二個分隊に分けられ、加えて食糧運搬、弾薬運搬など「鉄の暴風」と表現されるほどの弾丸が飛び交うなかをかけずりまわったのだ。この地上戦はすべての地獄を集めたようだと後世に伝えられている。氏の多感なときの体験は終生にわたり、平和をテーマに研究を重ね、著書は八〇冊余を数える。

そして最晩年に二冊の本を出している。

二〇一六年七月一五日『沖縄健児隊の最後』（藤原書店）であり、一七年六月一二日の『人生の蕾のまま戦場に散った学徒兵　沖縄・鉄血勤皇隊』（高文研）。著書のあとがきは五月となっている。だが、その刊行日の六月一二日は呼吸不全と肺炎のために病床にあった。当日は九二歳の誕生日であり、旅立ちの日ともなってしまった。

それらのことを伝える報道によると、臨終の場には家族にかつての教え子、病院関係者がつどい「ハッピー・バースデー」を皆で歌うのを目を輝かせて見ていて、歌が終わると、眠るように息を引き取ったとある。

見事に完結した丸九二年の人生ここにあり。

私は九七年の手帳を広げ、思い出していた。

大田昌秀青年は九死に一生を得て、生きる意欲をなくしていたときに日本国憲法の写しを見せられ、深く心し、名文を書き写していた。

私がお会いしたのは、九七年六月四日。

それが私の手帳に署名とお言葉を記したページは皇国大田青年が捕虜となり、生き返った日の一〇月二二日の個所で、佐藤一斉の「言志四録」から、「堤二一燈一。往二暗夜。勿レ憂二暗夜一。唯頼一燈」とある。

　その文言が人生の道しるべだったのだろう。

表参道が燃えた夜

あまり知られていないが東京最後の大空襲は、敗戦の約三か月前、五月二五日の山の手大空襲で、表参道は紅蓮《ぐれん》地獄となった。

亡夫は当時一七歳で表参道交差点とは目と鼻の先の母方の祖父、廣田弘毅（元首相・外相、A級戦犯で刑死）宅に居住しての遭遇だ。

大空襲は二二時二二分からで廣田一家は明治神宮をめざそうとしたときだった。廣田のお付きの人が「外苑の方がよろしいかと……」。その進言で神宮外苑に逃げ助かった。

実は、夫の両親の仲人ご夫妻が近所に住まいしていて、明治神宮方面に歩をとり、命を落としている。

ここに下町大空襲と山の手大空襲の数字がある。それを下町を前に、山の手を後に記してある（参考資料は、アグネス技術センター編集委員会編『表参道が燃えた日』）。

焼夷弾（t）　一六六五　と　三二五八
爆弾　一〇〇K六個　と　四t
罹災人口　一〇〇万八〇〇五人　と　六二万一一二五人
罹災家屋　二六万八三五八戸　と　一六万五五四五戸
死者　八万三七九三人（推定一〇万人）　と　三六五一人
負傷者　四万九一八人　と　一万七八九九人

ここで焼夷弾の数が下町より山の手の方がはるかに多く、しかも死者は桁違いに少なくなるのは、実は立地条件、建物を壊した建物疎開や人びとの疎開、また下町では国からの消化活動に務めるようにとの達しで足留めをしたためで、山の手の人びとはしょせんかなわない消火より避難を選んでの人的被害の比なのだ。

鎮火後に身元の手掛かりのある遺体は道路に並べられた。だが、そうではない遺体は表参道交差点そばの安田銀行（現・みずほ銀行）の外壁に、二階の窓まで幾重にも積み上げられた。そこへ軍のトラックが来て、シャベルで荷台に放り投げられ、青山墓地などに運ばれていった。

身内が捜しにさがしまわり、たどりついたとしても、徹底抗戦の大日本帝国にとり、焼死体はやっかいな代物のみの認識で片づけていたのだ。首都東京の下町での後始末に倣い、山の手でも例にならっての素早さだ。

だから、だからこそ、八〇年近くたっても、しっかりと灼熱地獄の痕跡を、多くの人に目の当たりにしてもらいたい。

戦前では御屋敷街だった表参道あたりは、いまや都内屈指のおしゃれなビルが立ち並び、ファッションブランド、レストラン、カフェと華やかさをほしいままにしている。

目を凝らせばここかしこに五月二五日が残っている。

表参道交差点の左右に高さ五メートルほどの石灯籠に猛火の証がある。台座は焼けただれ欠損部分があり、そこに黒く変色しているのは焼死した人の脂、脂の痕だ！　右手の交番の後ろに秋葉神社がある。近年すっかり新装されたが、実は狛犬も欠けた部分や黒染みの部分が見うけられていた。焦熱地獄の歴史が一つ消えた。それが時の流れか。

さて、その裏手の善光寺へ。そこには戦没者をまつった碑が烈火で傷ついた石の上にあり、寺では例年五月二五日に法要が営まれている。

みずほ銀行脇を明治神宮方向に立って目をやれば、近くに二メートルほどの碑がある。〇七年一月に港区赤坂地区総合支所が区政六〇周年記念事業実行委員会による「和をのぞむ」の碑なのだ。上部は花を供えられるようになった造りだ。

五月二五日になると、心ある人びとが集うのだ。私はひとり静かに目を閉じ手を合わせ、大空襲以降の夫・廣田一家の怒涛の歳月を思っていた。

一〇〇〇人の兵士が一〇〇〇人とも！

銀座の松屋デパートを昭和通りの方に歩き、すぐ近くの紙パルプ会館の地下に、中国帰還者連絡会事務所が二〇〇二年四月まであり、私は季刊誌の『中帰連』を求めに折々訪ねていた。

元兵士の人たちが犯した罪を公にした季刊誌で「人間――侵略戦争――殺人鬼――戦争犯罪――戦犯――人民中国の人道的処遇――人間的良心の回復」という、強い反省に基づき、反戦平和と日中友好の実践を続けていた。

いずれもが、紳士然とした元兵士のおじちゃまと呼びたい方が当番制で詰めていて、私は活字や講演会では公にできなかったことを個々に聞き出していた。

女の私に、男性の吹き出る性への欲望はわからない。だから私は尋ねた。

「一〇〇人の兵隊さんのうち、慰安婦を抱かなかった人は何人ほどいますか」

「一〇〇人が一〇〇人全員、抱きました」

「えっ、えっ？　では一〇〇〇人とします。それではいかがですか」

「それでも、全員です。皆です」

「では、一万人の兵隊さんだとすれば」

「一人くらい、そうしない男もいたかもしれないが……」

息をのんだままの私に、やさしい顔のおじちゃまが、ゆっくりと言葉を重ねた。

「一番は、自分の命がいつまであるのかまるでわからない。次は、日々の凄まじい恐怖からいっときでも逃れるため。その次は男尊女卑の時代で、日本の繁華な街の片隅には女の体を自由にできるところがあり、〝当たり前の行為〟だった！　それに日本民族は特別優秀な民族で、まして大日本帝国のために命をかける兵士は大事にされるべき存在。相手の女は、とるに足らない民族の女たち」と一気に言っていた。

無言の私に小声でいった。それに、おしろいや口紅に、懐かしさや安らぎを覚え、あるときは幼い日の母に甘えた感さえ思い出していたのだと。

事務所で出会うことのなかった会員の二人が記録映画『日本鬼子・リーベンクイズ』のなかで証言していた。

ある女を犯し、そして殺した。そこまでは広く知られた話だ。ところがその兵士は、女の体を切り刻み、部隊に持ち帰り、仲間たちと食らい、久しぶりに満腹感を得たと言った。

また、別の兵士は妊婦を犯し殺した。画面のなかで言っていた。「なんだぁ！チャンコロのくせをして、いい思いをしやがって！　生意気だ！」

銀座の事務所は閉じられ、その意志を受け継ぐ会が会員たちの訓戒の言「前事不忘後事之師」（前の経験を忘れず後の教訓とする）を道標に戦犯収容所があった地名に由来しての会が各地にできて『撫順の奇跡を受け継ぐ会』と称している。埼玉県川越市には、元兵士たちの基金でＮＰＯ『中帰連平和記念館』がつくられている。

いまや戦後八〇年が近い現在、元兵士は一桁台で、病床に付すか施設入所で、もはや証言できる人物は存在しない。

私は三万人超の戦争体験者に出会っている。被害者の辛苦は無論だが、加害者になってしまった人びと、とくに元兵士の己の行為の罪深さにおののく姿にも接し、それは国、大日本帝国こそが加害を生み出したのだ。加害兵士はすでに被害者でもあった。それが戦争の真相だった。

あの紳士然のおじちゃまたちの血なまぐさい過去を見過ごしたり、忘れるわけにはいかないのが後生の人間の務めではなかろうか。

なのに、この国は歴史に学ぶことは誇りを捨てることとでも考えているのか、やたらとかつてを美化し、軍事費増強に走っている。敗戦で得たものの第一は第九条ではなかったか。熟慮すべきときが、いまではないか。

証言する従軍慰安婦

一九九一年八月一四日「慰安婦」の金学順《キム・ハクスン》さんがはじめて公の場で被害体験を証言した。

韓国政府は二〇一七年に八月一四日を国の記念日『慰安婦の日』と指定した。

政府に登録した被害者は二四〇人で、二二年の記念日の生存者は一一名、したがって証言可能の元慰安婦の方も数名となってしまった。

私が週刊『金曜日』の二一年六月一八日の「論考」に「李容洙《イ・ヨンス》さんと宋神道《ソン・シンド》さん」を書いている。ここに提示したい。

本誌四月三〇日・五月七日合併号の李容珠さんの杖を手にした車いすの姿を目にし、呆然となった。

私の記憶にある李さんは、常に胸を張り、凛々しく、論理的に言葉を発していた。「日本国によって性奴隷にされた私自身の歴史を学んできた。一人でも被害者が生きている間に、平和的に日本の責任者が解決すべきです」と、三〇年もの間、世界中で飛び回り、訴えていた。

私は、平和の尊さを訴えるために始めた一九九四年からの「非戦行脚」で、当初はあえて、元「慰安婦」の問題には触れずにいた。

千田夏光氏が七三年に『従軍慰安婦〝声なき女〟八万人の告発』（双葉社）を出版し、多くの人は彼女たちの存在をはじめて知った。私は、その一〇年前に「隣国の悲惨な女性たちの戦時下」を千田氏が取材していることを、知っていた。母が親しくしていた千田氏のお連れ合いから聞き、母が私に伝えたのだった。まだ生娘の私には、忌まわしすぎる話に思えて忘れようと記憶にふたをしたままだった。

二〇〇〇年に千田氏が死去し、私は元「慰安婦」をめぐる宿題を突如、氏から手渡された思いにとらわれた。

その直後、李さんが体験を語る会に出向いた。「国際弁護士になって日本政府を法廷に立たせる夢を持ち、慶北大学名誉学生になったこともある」との逸話も知った。

あるとき、大音響の街宣車から乱暴な声が会場まで届いた。

李さんは静かに話した。

「あの人たちは、歴史を知ろうとしない哀れな人です」

もう一人の元「慰安婦」・宋神道さん。韓国籍の在日朝鮮人としてただ一人、日本政府の謝罪と賠償を求めて裁判を起こした。彼女は李さんと対極にあり、感情をほとばしらせる女性だった。

ある集会のときのこと。弁護士の国会議員も同席していた。彼女の叫ぶような言葉が印象的だった。

「おめえらは偉そうな面してくっちゃべっても裁判にオレは負けた！　が、オレの心は負けてない！」

それは〇三年に最高裁で敗訴が確定したことを指している。宋さんの力強い言葉は、四年後に制作されたドキュメンタリー映画『オレの心は負けてない』（安海立《アン・ヘリョン》監督）のタイトルにもなった。

宋さんは宮城県女川町在住で、三・一一の大津波に襲われたとき、家を失った。その年の七月二一日、李さんは宋さんをねぎらうために、国会議員会館での集会に駆けつけた。

八八歳の小柄な宋さんを八二歳の大柄な李さんがかたく抱きしめ、二人とも大粒の涙をこぼしている。私を含め参加者の皆の目が潤んだ。

宋さんは一七年一二月一六日に老衰のため九五歳で旅立ってしまった。くしくもその二〇年前の同じ日、元「慰安婦」たちが名乗り出るきっかけをつくった金学順さんが亡くなっている。

二二年の記念日に李さんは若い世代に「(日韓の学生が)両国間の正しい歴史を学び、解決し、仲良く過ごせるようにしてほしい」と激励していた。九三歳の李さんなのだ。

なお、二三年五月五日の新聞報道によると、二四〇人のうち存命中の被害者は九人で平均年齢は九四・四歳となっている。

嘉手納ロータリー

二度目の沖縄行脚に際し、一日一自治体訪問を心がけた。一九九七年五月二六日は嘉手納町長・宮城篤実氏と一〇時からの面談だった。

町長はおっしゃった。

「子どもの有名な作文があるのです。『私は嘉手納の町の地図をじっくり見ていて気がつきました。ステーキの形をしていました。端にへばりついている脂身の部分が私たちの住む住宅地で、大きな土地は基地です』というものです」

町の面積の八二・九%が基地なのだ。かつては八四・二%が米軍に取られていたが、海を埋めたて住宅地にした分と、道路を拡張した部分が町に戻って来ての八二・九%だった。

町長は言葉をつづけた。「私にはこの爆音、騒音は日常の一部になっています。菅野さんには驚きでしょう」と。

実際、話の途中とちゅうで、米軍機の出す音が鼓膜に痛いような感じがしていた。

町長は九五年五月に大田昌秀知事に同行し、米国ワシントンへ出向き、騒音問題を訴えた。吐き気をもよおすほどの音が、前年四月の「爆音防止協定」締結で、ほんの僅かおさまったかに思えた。しかし、その後の特別措置法が国会議員の圧倒的多数で可決された結果、また元の音の近くまで戻ってしまったという。


帰りのあいさつの後に町長が遠慮がちにおっしゃった。

「この先、三か月強の沖縄行脚とか……。妻に伝えておきますので、どちらかの市町村の帰りにでも我が家にお立ち寄りください。家は嘉手納ロータリーのなかにあります。日本の、いいや、世界のどこを探してもロータリーのなかが住宅地になっているところなどあるはずがありません。ですから是非ともお立ち寄りください。世界中で私ほど劣悪な住まいの首長はいないはずです」

私は「お約束いたします。沖縄を学びたいのです。そして、です。他県の首長や学校長に伝えます。そうするのが私の行脚です」とこたえた。

ロータリーの内側の最初のぐるりは店舗などが占め、次が住宅地になっていた。教えられたままに訪ねると、町長宅があった。お連れ合いが笑顔で私を迎えてくださった。

「部屋でお客様とお話しするのが本当のところですが、この庭先の方が嘉手納がどのようなところなのかおわかりいただけるかと存じまして……。こちらにどうぞ」

そこは庭用のテーブルと椅子があり、私は腰を下ろした。冷えた麦茶をちょうだいしながら、三〇分ほどの時を過ごした。お連れ合いはしきりと恐縮しながら、驚きましたでしょうと幾度も私に言っていた。

そのたびごとに私はヤマトの人間として、沖縄には大変申しわけないことですと応じ、さらに沖縄を勉強したいと言っていた。

何ほどの力もない私に、皆がことほどさように〝沖縄学〟の教師になってくださるのだ。

進駐軍は人びとを収容所に押し込め、銃剣を構え、ブルドーザーを駆使し住民の家や土地を基地にしたまま、ほぼ返還されない有様だ。

それだけではない。七二年五月一五日に本土復帰になるまでは、米国の占領下におかれていた。実にその二七年間は日本国憲法も、アメリカの憲法も適用されない沖縄だ。嘆かわしいが、自由でもなければ平等に扱われてもいないということなのだ。

だからこそ日本復帰を切に願い、「平和憲法の下に帰る」とのスローガンを掲げた。

そのようにして日本に復帰し、昨二〇二二年で五〇年がたった。


沖縄県民が夢見た世になったのだろうか。

否！　まったくもって否、否だ！


いま一度、沖縄とともに考えたい。

三一〇万人の国民の命が奪われ、アジア諸国の二〇〇〇万人余の命を奪ったことを。

なお、ロータリーは〇七年に三叉路になった。

古里・下町の川

私の生まれ育った東京下町の話がしたい。下町は水路が発達した水の都・川の街なのだ。

東京名所の東京スカイツリーは、そばを流れる北十間川に沿って九〇〇メートルほど歩きながら、四つの橋の上で仰ぎ見るのがよい。日本一の繁華街・銀座通りは一一〇〇メートルだから、それより少し短い距離だ。

東武スカイツリーライン（東武伊勢崎線）のとうきょうスカイツリー（元・業平橋）駅の改札を出ると、それが北十間川の東武橋。真ん前の東京スカイツリーを見上げる。ああ首が痛い！

東にバス停一つ分ほど歩き、京成押上線の押上駅前の京成橋に立つ。ここでも首が凝る。

次の西十間橋を目指そう。ここなら楽にスカイツリーを見上げることができる。

スカイツリー全体をめでるために、もうひとつ先の十間橋に行こう。宇宙人のジョーンズさんが登場する缶コーヒーのテレビコマーシャルで記憶している人も多い『逆さスカイツリー』が見られる場所だ。川面に映る、ばっちり見事な逆さスカイツリー！　北十間川は、それが役目でもあるかのように、静かにたたずんでいる。

私は建設中に幾度となく足を運んでいる。スカイツリー完成を翌年五月にひかえた二〇一一年一月二日には驚いた。北海道、沖縄ナンバーの車こそ見られなかったが、ほぼ全国からの車々々でごった返していた。しかし、四つの橋を丹念に歩く人はいない。

ふいに私は、いらだちを覚えた。

北十間川、そこから南に分かれている横十間川。いや、いいや、下町の川という川のすべてが一九四五年三月一〇日の下町大空襲のとき、重なりあう焼死者で埋め尽くされていたことだ。

私は四七年の小学校入学で、江東区立の名門校と言われた毛利小学校へと父は通わせた。校舎はコの字型で南側の一辺は一階が体育館で、二～三階は数かずの剥製《はくせい》のある絵画室にいくつかの楽器のある音楽室だった。西側、北側の二辺が一般的な教室、教員室だった。

あいた東側には筏《いかだ》が並んだ貯木場になっている。時おり放送が異変を知らせた。

「生徒の皆さん。今日は校庭に出てはいけません」。

貯木場の筏の下側に潜り込んでいる水死体を引っ張り出す作業に手間取るのだ。いまになって思うのは戦後の厳しい現実と亡き人を追ってのことだったのだろう。まして、そこは懐かしい学び舎であり、格好の避難所で、大空襲では多くの焼死者の出た場所だった。

五年生で転校したのは同区の東川《とうせん》小学校は、プールがあった。私はプールの授業のある日は遠足の前夜と同様に、嬉しさいっぱいで水着の用意をしていた。

ところが〇五年三月に「下町大空襲六〇周年記念展」の会場で知ってしまった。『東川小学校のプール』が描かれていたのだ。まるでマッチ棒がびっしりと黒く焼け、四角の箱に並んでいるように、プールに焼死体があった。

小学生の私は古里《ふるさと》のあちらの川、こちらの川で膨らんだ水死体を幾度も目にしている。

当時の川は澄んでいて、飛び魚がとぶのを見ている。あるとき、私は飛び魚を見に川に行った。男の子が四〜五人、川に飛び込んでは何やら白い両端の丸くなった棒のようなものを手にあがってくると、皆が私を取り囲んで、その白い棒で私の体を突ついた。私はただぽか〜んとしていた。そこに大人の男の人が来合わせ、男の子たちをどやしつけて追い払った。それが空襲犠牲者の大腿骨だと後に知った。

はれやかなスカイツリーは私の古里だ。
あまたの惨劇の川も私の古里なのだ。
古里をたずね、川に向かうと知らぬ間に手を合わせている私がいる。

飛木さん

二〇一二年五月二二日に東京スカイツリーは営業をはじめた。雨降りだった。

翌朝、矢も楯もたまらず家を飛び出た。東京スカイツリーの入場券が手に入らず、しゃくだ。スカイツリーの目の前の商業施設・ソラマチの全店を探索して歩いた。沖縄から本土初出店の塩専門店に驚いたりし、気がつけば三時が過ぎている。地上一五〇メートルの三一階に和食の店があり、スカイツリー全体を見わたせる四人掛け席が三卓あることを知った。二人連れを探して頼み込み、相席することができた。

ソラマチに満足し終えると、足元にある北十間川にかかる東武橋、京成橋、西十間橋、十間橋で、六七年前の下町大空襲の夜に思いをはせ、手を合わせた。

ソラマチのある京成押上線の押上駅の北東三〇〇メートルほどの押上二丁目の飛木《とびき》さん（飛木稲荷神社）がある。

六月に入っての七日に飛木さん行を決めた。

実は飛木さんの向こう側の寺島（現・東向島）に住んだことがあり、そちらから飛木さんに行ったことがあるが、押上駅方面からは初めてだ。おおよその見当はつくが心許ない。ちょうど自転車に乗った女性がやってきた。その人を呼びとめ尋ねた。「こちらから飛木さんに行くのは初めてなので」と言う私に女性はわかりやすく説明し、私は念押しでそれをくり返した。「よかったわ。お嬢さんはのみ込みが早くって」と。私は七一歳。

「えっ？　私がお嬢さん？」

「そうよ。女性はいくつになってもお嬢さん！　だって飛木稲荷神社を飛木さんって、親しく呼んでくれたもの。下町育ちの証拠よ！」

そんなやりとりが嬉しく、軽くなった足を急がせた。あそこだ。そう思った途端、私の目は潤んできた。大イチョウが見えた。真っ直ぐに大イチョウに歩み寄り木肌に触れた。

樹齢六〇〇年とも言われる大イチョウの木肌が下町大空襲の灼熱地獄に耐え、黒く焼けただれている。木肌が大きく抉《えぐ》られ、炭と化した部分も多々ある。木肌をそおっとそおっと撫《な》でた。手が黒くなる。人の姿はない。私の頬を涙が流れている。

大木は上部を失い、それを守るように地中から根が立ち上がり、太い幹となり、元木を左右から抱えている。葉がすき間なく繁っていて、あの夜を忘れさせないための存在なのだと、叫んでいた。私は気のすむまで、腕が痛くなるほど、ひしゃくで水を与え続けていた。

一六日は雨降りだった。大イチョウがたっぷりと水を飲んで満足だろう。それを確かめたくて、飛木さんに飛んで行った。道々、木肌が黒々と葉の緑の対比する凄みを思った。……だが、みっしりの葉に守られていて、木肌に雨は届いていなかった。

私はあわてて、ひしゃくを手にした。そおっと水をかけてみた。繰り返した。まるで飢えてでもいるように、すうっと木肌に吸い込まれてゆく。私を待っていた、そう思えた。

私の出生地は押上駅の南東に位置している。

父が兵隊にとられ、母とともに平穏な田舎町に疎開していて命を拾ったのだ。赤子の私を知る人など、下町大空襲により命を落とすか、助かっても地元に残る人など皆無と言える。

だからこそ、飛木さんの大イチョウが私の気にかかる大事な古里なのだ。

私はひと休みして、また、ひしゃくを手にした。私の差し出すひしゃくの水をぐいぐいと飲みこんでくれる。木肌が真黒々になり輝いてきた。それに葉の緑が色よく映り、なんとまあ、美しいことか！

イチョウは火伏の木と言われ、火災に強い。従って神社、仏閣の境内にイチョウがある。ミズキもそうだが、やはりイチョウが多くある。

東京には飛木さんよりも有名な浅草寺、神田明神、赤坂の氷川神社などがある。それよりもひっそりとある飛木さんこそが、私の大好きなイチョウと言える。

カーチス・E・ルメイとパンパン

米国の東京下町の認識は、庶民の居住地というより、戦争協力の各種部品を調達する家々がひしめきあう地域という考えだった。

よって、大元帥（昭和天皇）のお膝元に狙いをさだめた。米国は、資金力にまかせ米国本土に下町を再現した。木と紙の家。より効果的に襲うには、まず先発部隊がナパーム性高性能焼夷弾を落とし、それで街全体を猛火でぐるりの壁をつくる。退路を絶たれた人びとに通常型の油脂焼夷弾と高温と炎の吹き出るエレクトロン焼夷弾をばらまき落とす。

この無差別爆撃のすべての指揮をとったのはカーチス・E・ルメイ司令官だ。

ときは一九四五年の陸軍記念日三月一〇日、〇時八分から北北西の烈風が吹き荒れ、そこにB29三三四機による二時間半にわたる焼夷弾一六六五トンで、下町全域は焦土と化し、一〇万人超が殺された。

私の出生地はその下町で、平穏な田舎町に疎開していて、いまがある。下町居住のままなら九割がた焼死体になっていただろう。よしんば母が私に覆いかぶさり、私は命を拾ったとする。四歳の幼な子は自分を「しいちゃん」としか認識せず、二〜三日は生きたろう。もしや、さらに運よく生き、全国浮浪児一二万三五一一人（沖縄県を除く）のプラス一人になり、数年ほど歳月が流れたとする。私はどこもかしこも真ん丸の愛嬌ある顔立ちだ。そこにつけ込んだ男が空きっ腹の私に日々、食べ物を与え、頃合をみて男の欲望を果たす。そして、なおさらにやさしさを装う。

そんな日々の後に、初潮もみないままパンパンの多くいる有楽町に流れ着く。大人になりきらない体は男を引き付ける。夜ごとに男の相手をして、気がつけば悪い病気をうつされ、目の前の数寄屋橋から身を投げる。そんなシナリオができあがる。

私は一五年の春に戦災孤児、浮浪児、パンパンの正確な数が知りたくて、厚生労働省、総務省、文部科学省に問い合わせ、さらに国立国会図書館へと出向いた。だが、案の定それらの統計は無しの結果にたどりついた。

国とは、そのような国民に対して酷薄な存在だ。

なのに、敗戦の二日後に国は占領軍へのセックス対策を手がけた。翌一八日にはマル秘の全国警察署への無電通報を出した。

特殊慰安施設協会・RAA。良家の子女を守るため、一八歳以上二五歳までを目安に破格の条件で女性を集めた。

ところが翌年一月二一日、占領軍総司令部は政府に対し「デモクラシーの理念と個人の自由に反する。即、解散せよ」と命令した。

女性たちは行き場を失い、関東では夜の女、関西で闇の女、いわゆるパンパンとなった。白人相手は白ヤギ、白パン、黒人相手はブラパン、黒パンと称された。

松本清張が一九五九年に『ゼロの焦点』を、森村誠一が一九七六年に『人間の証明』を発表した。どちらも元パンパンが過去を隠すために殺人者になってしまう展開で、胸が痛くなる。

例外は、ラク町のお時。東京・本郷育ちの西田時子が本名で、家族のすべてを空襲で奪われた。持ち前の気風のよさで、女学生のときからダフ屋、そしてパンパンとなり、最盛時七〇〇人もの有楽町のガード下の仲間を束ね、ラジオの街道録音番組で

「苦労してカタギになっても、世間はパンパンだったといじめにかかり追い立てられ、このガード下に戻ってくる」と啖呵を切っていた。

さて、ここで前記している、カーチス・E・ルメイの話に戻ろう。

日本国政府は、六四年一〇月一〇日に東京オリンピックを開催した。その一二月四日の午前の閣議で、米空軍参謀総長カーチス・E・ルメイ大将に対し勲一等旭日大綬章を贈ることを決めた。理由は「戦後、日本の航空自衛隊の育成に協力した」ということだ。

カーチス・E・ルメイは原爆投下にも関係あったという人物でもある！

はな・長襦袢

先の大戦の敗戦一年と五か月後に父がシベリア抑留から生還し、私たち一家は疎開先から、古里の東京下町に順次戻ってきた。

だが、母方の祖父母と少年だった叔父は千葉に疎開したままだ。

父が兵隊にとられたとき、私たち母子は早々に父の古里に疎開し、祖父母一家も大空襲以前に疎開をしたとばかり思いこんでいた。

だが、祖父母たちは下町大空襲の被害者だった。焼け出されていたのだ。私がそれを知ったのは、〇六年三月だ。加えて、母は大空襲の前夜に実家に泊まり、夕方に帰宅していて大空襲を逃れていた。

私は九四年五月からの全国非戦行脚の日々だ。身内三人の命が奪われたかもしれない事柄を六一年もの間、母は秘め事としていた。

なじる私に、母は重い口を開いていた。

「それは……ねえ。おばあちゃんから幾人、いや幾十人もの、あまりにも哀れな女の人たちの話を聞いてしまってね」

母は当時二四歳だった。

「私と同じぐらいの人から、もっと若い人が……」

そこで言葉を詰まらせ、茶を一口二口飲み干してから、一気にしゃべった。

「はなやかな長襦袢《ながじゅばん》が、まるで花のような、そう、はな！　はなが、ふわり、ゆらり、ぷかりとただようように。北十間川や横十間川に……。長襦袢姿の、なかには伊達締も流され、片袖姿や、下の物をつけない仕事だから、素っ裸のまま！　うつ伏せならいいわ。仰向けの人も……。ねえ、だから、とても言えなかったの」


国が認めた彼女たちの稼業は、夜ごと男と床をともにすることだ。一晩に一人、というより数人の男の相手をしなければならない。

五六年に「売春防止法」が制定され、翌五七年三月三一日に施行された。それまでは日本中の繁華な街の片隅に彼女たちの街が現にあったのだ。

三月一〇日、〇時八分からの下町大空襲は、彼女たちにとってはいつものように、仕事に挑んでいる稼ぎのときだった。

欲望のままにお金を払った男に体を開く女、男は女に温情を示しただろうか。経営者はぎりぎりまで女たちを縛り、ようやくのことで逃げろ！　と言い放ったに違いない。しかも、厳しく何ごとかの約束をさせただろう。

彼女たちは仕事着である華やかな長襦袢姿に、羽織を手にする間もなかったろう。羽織をはおったとしても、北北西の烈風が吹き荒れ、容赦なく、油脂焼夷弾と高温と炎の吹き出すエレクトロン焼夷弾が降ってくるのだ。薄着の身は猛火に弱い。そして皆が皆、川に飛び込むほかにすべはなかったのだ。

しょせん金に貧した実家の犠牲の身だ。生への執着はいかほどのものか。万、万の一に助かったとする。有楽町の〝ラク町のお時〟のように気強い女性がいたとしよう。しかし、その有様を伝える書籍も、まして証言者にも、私は出逢っていない。

実は、私が育った下町の大通り（国道）の向こう側に、女たちの街があった。

高校生の私は、それらの女たちの雇い主が元警察官の父に厄介事の頼み事をし、その言いつけで彼女たちの仕事場に幾度か出向いたことがあった。無論、明るいうちのことだ。

ある時だ。学校の運動会の仮装行列で着物を着ることになったと言った。すると仕付け糸のついたままの新品の着物を我れ先にと差し出した。だれもが、決してこの先も身にまとわないだろう、乙女おとめ然とした淡い色調のものばかりだ。

私は下町では名の知られた高校のセーラー服姿だった。その私に各人が自分の夢を重ねて、そこに並べた着物なのだ。選びようがない。迷った。私は目をつぶり、並べ替えるようにお願いし、そおっと指を触れた。持ち主はやさしく微笑み、皆が手をたたいていた。

かっぱと呼ばれた女と弱い男

私が小学二年のときに、母は乳飲み子の妹を連れ、私への書き置きも残さず家出した。父の給料日の翌日で、貯金通帳と判も持ち出していた。

その三年前の下町大空襲で焼け残った深川の扇橋警察署が警察官の家族寮になっていて、私たち家族は二階の一角が与えられており、便所は庭の奥まった薄暗い場所にあった。

父の仕事は、四日に一度の泊まりがある。

夜の便所にひとりで行くのが、ひどく怖かった。階段の薄ぼんやりとした明かりと、大人向きの一段一段が高すぎて、また下駄の音が響くのが夜には不気味に思えた。

母と妹は三か月ほどで帰ってきたが、私にはそれまでの日々の記憶はほぼない。なのに三件の強烈な思い出は、鮮明に残っている。

父の非番の日に、父に連れられて都電に乗った。降りたのは橋のたもとだった。当時の深川の川（運河）には、大勢の水上生活者がいた。父はある船に向かい、声をかけた。年配の男が恐縮している。父は「そうか。よかった。よかったなあ」と言った。

そこに真っ赤な口紅の若い女が男と、もつれるように来て、隣の船に潜り込んだ。父に幾度も頭を下げていた船の男が、先ほどとは別人になり「ばいた！」と言ってから、ちらりと私を見て、「あっ、旦那、すまんこってす」と困った顔をしていた。父は何事もないように手を横に振った。

男がお愛想のように「あの女、かっぱ、かっぱですよ」とつけ加えた。

父は、わかったというようにうなずき、また手を横に振った。

帰り道、私は、なぜか「ばいた」ということばを尋ねてはいけないと思った。そして「ねえ、あの、おねえちゃんは人間だよね。それとも本当はかっぱのおばけなの？」と問うと、父は、「泳ぎがうまいだろう」と言った。

そうか。深川の川は飛び魚がいて、いろんな魚がいて、それを泳いで捕らえるんだ、と思った。

中学生になり、辞書で「売女《ばいた》」を知った。

河童のことは、すっかり頭から抜けていた。大人になり「河童」とは、船を根城に売春をする「水上売春婦」の隠語と知った。

私は、時おり深川へ出かけて歩き回る。小名木川、大横川、横十間川、仙台堀川、平久川、汐浜運河。父に連れられて行ったのは、どの川だったのだろう。

戦後三年の、いまだ混沌とした世上だった。真っ赤な口紅をつけた若い女の人は、あの川だけのことではなかったはずだ。


父の泊まりの、ある夜のことだった。真夜中に「子どもの皆、部屋から出てきなさい」と大声がした。目をこすりこすり、子どもは一階の広間に集まった。

十数人のお父さん（警察官）が、ひとりの痩せた男を正座させていた。男は大きくふるえ、頭を下げている。泥棒だと私は直感した。

お父さんのひとりが声を張り上げた。

「さあ、皆な。皆のお父さんのお仕事のその家族寮です。なんのお仕事かなあ。皆な大声で言いましょう。さあ、一、二、三！」

私たちは大きな声で言った。

「お巡りさんの家族寮です！」

その数日後だった。非番の父は食堂に私を誘い、その足で父の勤務先の警察署に行った。

少したったとき、腰を縄でしばり、数珠《じゅず》繋ぎになった十数人の男たちが大きな車から降り、署のなかへ引っ立てられていった。

一人ひとりの罪状を父は私に伝え、そして、どういう人間と思うのかを聞いてきた。

「悪いことをした、悪い人たち！」

「違うんだよ。全員が弱い人間、強い人は自分の弱さに勝つんだ。悪いことはしない」

いまは私にも理解できる。一介の警察官の父が各人の罪状を知ることなどありえない。

父なりの私への教育だったのだ。

生体解剖

非戦行脚のはじめのころは、体験者の話に涙することが多々あった。あるとき、私は芯から理解しての涙なのか、もしや薄っぺらな感情からではないかと自分に問い、心を平に耳を傾けようと決めた。

ところが、元陸軍軍医大尉・湯浅謙氏の生体解剖の証言を真正面の身近な席で伺っていて、あまりの凄惨さと、被害者の恐怖を思い、大粒の涙をこぼしていた。

加害体験談こそが、つぶさに戦争の事実を、知らせてくれる。湯浅氏は戦争の真実を語り継ぐ。『中国帰還者連絡会』の、唯一の医務者の会員だ。

湯浅氏は一九四二年二月から三年余にわたり、七回計一四人に全身麻酔を施し、その体を諸々の実験のために切り刻んでいたのだ。

実は、病院長が内科医の湯浅氏に「手術演習を行う」と命令した。氏は軍医の立場としての覚悟と「戦争に有益なこと」と、納得したのだ。

解剖室には両手を縛られた二人の中国人男性がいた。兵士風の男性は冷静な様子を見せている。農民風の男性は泣き叫んでいた。

居合わせた十数名の軍医と看護婦の全員が平気で談笑していたのだった。

指導医のもとで、一時間半ほどの手伝いをし、気管切開を練習した。そこでは盲腸の摘出、腸の切断・吻合、腕の切断や縫合などの演習がなされていた。

農民風の男性は、絶命していた。兵士風の男性は息があり、病院長が空気注射をした。だが死なず、湯浅氏が静脈注射をし、息を止めた。

衛生兵が掘った穴に、二人を放り込んだ。

湯浅氏は「私の最初の戦争犯罪です。おっかなびっくりの一回目。二回目は平気になり、これもお国のためだと自分に言った。三回目からは得意になり、生体解剖を行った」と証言した。

実際のところ、人間とは環境になじむものであり、そうせざる術しかなかったのだろう。

ましてや大日本帝国の教えは、「中国人は劣等民族」と決めつけていて、それに

「生体解剖が人道に反する罪」との認識など神の国にはなかったのだ。

湯浅氏はおっしゃった。「戦争の恐ろしさとは、それなのだ。罪の意識のないままに行うことだった」と、言葉を締めくくっていた。

湯浅氏は太原捕虜収容所に入るまで、生体解剖のことは思い出すことさえなった。ところが、収容所では捕虜に対し、あくまで心ある対応に徹してくれ、それでもって、己が罪に気づくまで、反省文を書かせる。重なるやりとりのなかで、ようやくにして、罪への認識に目覚めることができたのだった。

それが「認罪」だ。

湯浅氏は五六年の帰国の翌年から、積極的に証言活動をしている。

認罪意識が根底にあり、それ以上に医療従事者が約一〇〇〇名いたのに、ほかに証言者が現れないのが湯浅氏には歯がゆかったのだろう。だからこそ犯した罪を語ることはつらいことだが、独立独行の証言者になりえたのだ。

湯浅氏はこう断言した。「仲間たちは、生体解剖への罪の意識もないまま、いつしか忘れている」と。

話は一変する。

九九年九月に東京地裁で中国人の損害賠償訴訟の判決があった。中国での戦争被害をめぐり、日本政府に戦後補償を求めた一連の訴訟で判決が言い渡されたのは、初めてのことだった。

判決は「被害者個人の請求棄却」。しかし、原告側の主張に沿う事実認定はなされた。

その四日後、「日本の若者に伝えたい――加害者にならないために」の会が都内で開かれた。原告の七三一部隊の生体実験被害者の遺族の方が、休憩時間になったとき、ふいに体調を崩した。すると八二歳の現役の医師である湯浅氏が近より二言三言話しかけ、そおっと左手首をとり、脈を診ている。それこそ本来あるべき〝平和な二人〟の姿だった。

戦争法と男色殺人

一九九四年五月二〇日からの非戦行脚者の私にとり、心底からの怒りと悲しみとなったのは、二〇一五年九月一九日午前二時一八分に当時の安倍晋三首相の政権が戦争法（安保体制）を強行採決したことだ。

俳人・金子兜太《とうた》氏が「アベ政治を許さない」と力強い筆遣いで揮毫《きごう》している。氏は「『安寧』が『倍』の安倍とはとんでもない、ということでカタカナの『アベ』にした」と述べていた。

私はそのスローガンの白地に黒文字で書かれた名刺より一回り大きなタグをバッグにつけ、デモや集会用にはA3サイズの白地にショッキングピンクの文字のものを頭上に掲げたりしていた。

私は、一六年一一月に都内で催された金子氏の講演会に参加した。当日の私は、その前の集まりが長びき、まさに定刻に会場に飛び込み、控室用の入り口に入ってしまい、氏と出会わしてしまった。深々と頭を下げる私に、満面の笑みで「金子でございます」と言ってから頭を下げるのだ。

最前列に空席があった。私は体を縮こませ、金子氏を目の前にし、拝聴することになった。


金子兜太氏は日本銀行入行後に海軍に任官し、トラック諸島（現・チューク諸島）で「第四海軍施設部」の将校となった。募集・徴用でかき集めた民間人（軍属）の工員を指揮していたという。私は初めて「工員」なる存在を知った。

戦局が険しくなった敗戦前年四月に、現地指導者は従軍慰安婦たちを内地に帰還させた。

すると、またたく間に男色にふける者が続出した。

あげく、たった一か月半ほどで、自分の「色男」をめぐっての殺し合いが発生したのだ。金子氏は取り締まろうと思ったが、夜に抜け出されての行動には放っぽっておくほかなかったと言う。

そこは狙われる美青年と、それをめぐる殺し合う男たちの修羅場になっていたと静かに述べた。

職業軍人には恥という気風があり、男色を恥と受けとる。だが、そこでは軍関係者は医師と経理だけで、九五パーセントが工員だ。工員たちは餓死者が毎日出るなかで、まさかの精神状態になったと解説した。

さらに驚いたのは、人殺しが平気の平左の日々になっていったということだった。「人殺しはこうやるんだ」と見せつけるためだけにドスを抜き、何気ない顔で「おう、久しぶり」と言うや、肩先をつかまえ、刃物で頸動脈をざくり。男は牢に入れられたが、工員たちの間では「いやあ、見事だったぜ」と英雄扱いになったという。

人間が人間でなくなる展開だ、とも述べた。

それこそが「真人間」ともつけ加えた。

女の私には、どうあっても合点がいかない。

だが、これまでにも、聞くのも読むのも数多《あまた》接するうちに、命の瀬戸際に追い詰められ、本能を剝き出しにされた男性の生への欲望が性の欲望に化されるのを、私は知ってしまった。だが、正直言って頷くことはできない。

平時に暮らす女の私が「戦場」を知らずに思考するからなのだろうか。

一方、金子兜太氏は将校としての立場での日々で工員を目の当たりにしていたのだ。

だからこそ、最晩年になり、矢も楯もたまらずに「アベ政治を許さない」と揮毫し、私が参加した会には九六歳の身で埼玉県熊谷市から都心の会場に出向き、二時間三〇分もの精力的な講演活動をなしえたのだ。当時に、『あの夏、兵士だった私――九六歳、戦争体験者からの警鐘』（清流社）を刊行している。

戦争・戦場とは、いかにたやすく殺人者を生み出し、また殺される側になるかを、熟知していた金子氏だった。

一八年に九八歳で金子兜太氏は旅立たれてしまった。数多の人の心に願いを託して。

非戦行脚で命を拾った

夫の納骨の日までの一五〇日間は後追いばかりを考えていて、口癖は死にたい！だった。

母に言った。「お母さん、相続の手続きがすんだら、この家を処分するの。すごいお金になるわ。お母さんには指輪をプレゼントするわ。それも毎月ごとの一二か月の誕生石の指輪。とくにダイヤは奮発して大きな粒のものを……。もちろん銀座の店で買うのよ」。

実は、私は結婚指輪も真珠のセットも持ってない。一方、母はおしゃれ好きな人なのだ。母は即答してきた。

「いいの！　いいの！　しいちゃんが昔、プレゼントしてくれた誕生石のガーネットの指輪があれば十分。絶対にいりません！」

真剣な顔つきだ。私の死出の旅の挨拶と直感したのだ。

死にそこなった私は、「戦争」に苦しめられた夫への鎮魂のために一周忌の日から、全国非戦行脚に出ようと決めた。北海道からの南下の旅で、県都で知事に、またその県一の過疎の村、くわえて夫婦互いの縁《ゆかり》の自治体、また高校を主に学校長との面談の旅を計画した。

期間は一九九四年五月二〇日から、敗戦五〇周年目の九五年八月一五日と決めた。流動的な旅となる。宿は土地土地に行った先のこととした。

だが、過疎の村では驚かれた。宿がない。私はその折は、お寺さんか駐在所と決めていた。そんな私にある村長は「昨日も村の者が熊にやられ、命だけは助かりました」と言った。「そうですか。いっこうに構いませんわ。夫のもとにいけますもの」と私は応じる。

村長は、あわてて宿を手配し、男性職員に宿まで案内させ、夕刻には温泉に同行する段取りを決めていた。

山崩れで工事中の係員の制止を振り切り役場に走り込み、村長や皆を慌てさせたことなど、あれこれと山ほどの逸話がある。

九五年三月三〇日の高知県大川村は豪雨だった。岩崎敬太郎村長は、前日に私が橋本大二郎知事に会えたことを我がことのように喜び、次に私が愛媛県別子山村に向かうと知り、「山崩れを起こしています。おやめください」と止めた。私は鉄道もバス便もない峠越えを決断していた。村長は、仕方なく四国一の命知らずのタクシー運転手を呼んでいた。

大田尾越峠越えのタクシーの乗客となり、私が「どうせ死ぬのは一回こっきり、大降りの雨で車ごとこの世におさらばするのもいいわね」と言うと、よほどあきれたのか「俺の命知らずは承知の助よ！　でもお客さん、いやあぁ、ねえさんの方が役者が上だ！」と返した。

バリバリっと何かを踏みしだく音がずっとしていて、山道にきらきら光るものも見える。「玄武岩とかいって、岩の薄い奴が、雨との勝負で降参したって寸法さあ」。

急ブレーキをかけ、運転手は車を降りると、ハガキ縦半分長さで厚さ二ミリほどの鈍色に光る玄武岩を私にくれた。

「まあ！　きれい！　うれしい！　でも、ごめんなさい。びしょぬれね」

「小気味のいい、あねさんと乙な道中、それにいい稼ぎをさせてもらっての、俺の勝手気ままなやりくちってことよ」

別子山村では和田秋廣村長以下、皆がこれ以上ない驚きを見せ、隣の食堂での歓迎会となり、玄武岩の件を話すと、村長みずからが大雨のなかを目の前の河原から、青味をおびた、きれいな小石を私に差し出した。

四月二〇日は平岡敬・広島市長、六月二二日は伊藤一長・長崎市長、六月二六日は大田昌秀・沖縄県知事。ヒロシマ、ナガサキ、戦場になった沖縄。生きたくても殺されてしまった人、人、人……。また残された家族、より哀れなのは孤児だ！　徐々に命の重さを知らされた。

私の軸足は「生」の道へと移っていった。

体のかぎり、私は非戦行脚を続けたいと思う。

あれほどの命知らずだった私は、いまはより長生きをし、非戦を訴え続けたいのだ。

名誉の戦死

戦時下では跡取りの長男は兵役をまぬがれ、次男以下は赤紙（軍の召集令状）で呼び出され兵隊にとられる。

父は三人兄弟の三男で二〇歳時（一九二〇年、大正九年生まれ）で陸軍に行き、それ以前に二歳年上の次男は海軍に取られていた。

母と乳飲み子の私は、父が応召される際に、父の実家に疎開した。

父はシベリア抑留から、四七年に生還するまで帰省はなかった。だが伯父は私が三歳の時（四四年）に一時帰省をした。

祖母が言った。「正七伯父さんだよ。おにいちゃんがいいね。正七おにいちゃんだよ」。

伯父は母親に会えた喜びとなつかしい古里に歓喜し、初めて見る姪の私が甘えてまとわりつくのがなぐさめになったのだろう。私を相手におおよその時を過ごしていた。肩車をされ手をたたく私に、次は高いたかいと頭よりさらに高く持ち上げ、今度は私の両手を持ち、その場で回転し、私に大声を出させ、ごめんね、と言ったりしていた。

おにいちゃんとにらめっこをしたときだ。こんなきれいな男の人は初めて見たと思った。

その正七伯父が海軍に戻り、直に撃沈された船と運命をともにしたのだ。

……後年になり私は、祖母が息子・正七の戦死を知った当日と翌日の有様を母から知らされた。その折の詳細を記したい。

祖母は万屋を営んでいて店番をし、母は家事全般を担っていた。

そして戦時下にかかわらず母は私を連れ月に一度、町中の床屋に通っていた。

異変は私たちの留守の、その日に起きていたのだ。

役場の係が、祖母を訪ねたときに祖母は客の相手をしながら、瞬時に変事を察していたのだろう。

長男は世帯を持ち他県で暮らしている。

祖母は次男出生時に産婆が出払っており、みずからの手で次男を取り上げていて、次男への思いは一入《ひとしお》だったろう。というのも三男の私の父は戸籍上は祖母の実子になっているが、祖父が勝手した揚げ句の子だった。

祖母の思いは、乱れにみだれただろう。

係は役目がら忠実に祖母に伝える。大日本帝国の形式は独特の情理のないものだ。

「このたびは次男・正七殿が名誉の戦死をされました。誠におめでたい次第とあいなり、最も栄えある誉れの家となりました。あらためまして、おめでとうございます」

祖母は「正七殿……」のあとの係の言葉は耳に入ってはいなかったはずだ。

だが、祖母は常に平静第一の人物だ。ましてや、いつまた客が来店するやもしれない。私の母を呼びたくても留守だ。そして言ったろう。「知らせを承知いたしました。お世話をおかけいたしまして、お礼を申します」と。

祖母は、それ以前に真夜中に泥棒にはいられた時に、母の唇に指先をあて、次に肩を押さえ、その場をやり過ごしていたと母は言った。

祖母への讃辞と異変日前後の顚末へと続く。

「お世話になった五年間にただの一度も嫁いびりがなかった。ありがたいお人よ」そして、母は我に返って言った。「正七兄さんのときも見事の一言。涙一つ私に見せなかったの。すごいお人よ」と。

祖母は、その夜に私が床に入ると、ちょっと出かける、戸締りはするようにと言って、翌朝の日の出とともに帰り、言ったという。「狐かね、狸かね。化かされて、あっちこっち歩いてね。心配させたね」と。

祖母は私たちを気遣い、思い切り泣きに行ったのだろう。町の一番はずれに共同墓地がある。亡き夫（祖父）に「正七戦死！」を伝え、あとは思いきり大声で泣きに泣いたのだろう。……だが、それで気持ちがおさまるはずがない。自分の心をなぐさめ、無理にでも納得させて帰宅し、三時間ほどまどろんだと、母から知らされた。

三歳の私にはなんの変哲もない、床屋へ行った日と翌日のことで祖母の膝に甘えていた。

戦争大賛成！

私は飛行機に乗れない。沖縄への旅は新幹線で博多へ、次は特急で西鹿児島（現・鹿児島中央）に行き、一泊し、翌日には二四時間の船旅となる。

二度目の沖縄行脚には一九九七年五月二六日から一〇〇日間の予定をたてていた。博多から特急に乗り継いだときだ。窓際に四〇代後半の教養人と思《おぼ》しき男性がいて、通路側が空いていた。私は軽く会釈して腰を下ろそうとしたときに、どちらまでと尋ねられ「西鹿児島に参ります」と応じると、私を窓際の席へと促してくれた。

一人旅への心遣いはありがたい。

二言三言と言葉を交わし、私の旅の趣旨が非戦行脚と伝えたときだ。

穏やかな口調で「わたくしとは真逆です。わたくしは戦争大賛成です」と応じた。続いて「互いが旅人ですから、この先、お会いすることもないでしょう。正直にわたくしの考えをお話しましょう」と。

驚倒する私にその紳士（以下、特急氏）は、人類誕生以来、常に争いごとが頻発し、相手に打ち勝つために工夫を重ねて進歩する。その繰り返しがあり、現代人はそれらのすべてを享受する、ありがたい世代だと断言した。

まして、先の大戦があったればこそ、とりわけ医学界の進捗《しんちょく》は見事だというのだ。戦時下という利を得て、敵国の人間を思う存分、生体解剖し、確かな知識、技術を習得できたのだと大人しやかに言う。

無言でいる私に言葉を続けていた。

「七三一部隊の件もご承知かとぞんじます」と特急氏は言ってから、アメリカは全資料提出と引き換えにすべての人員を無罪放免とした。それほどに貴重な研究への恩賞だと賛辞したのだ。

唖然としている私に、さらに言うのだ。

「我が国の医学界は、それらの方がたを相当な地位に迎え、各人が大活躍をし、戦後を生きる私たちはその恩恵を受けていています」

特急氏の言い分には理がある。しかし、人として持つべき大事な心も情も愛もない。

こむずかしく言えば、人としての倫理に欠如ありだ。

私は小さくつぶやくように特急氏に言った。

「もし、あなたさまにです。ご自身か、あるいは親御さんかお連れ合いか、もしやお子さまを生体解剖に差し出せと。……どうしましょう」

「ありえません！　まるで空論、暴論、愚論です！」と珍しく色をなしていた。

高見の見物を決め込む、それが特急氏だ。

私は、そっとつけくわえて言った。

「元軍医の湯浅謙氏と面識があります。いまは小さな診療所に勤めながら、精力的に加害体験談を語っていらっしゃいます。一四人もの中国人を生体解剖し、それを悔いてのことです。かつての医療従事者仲間が素知らぬふりをするからお一人でも……と、それはお忙しくしていらっしゃいます」

特急氏の下車駅が来たようだ。私の話をどう受け止めたのか、尋ねるだけ無駄だと思い別れの挨拶だけした。

すると特急氏は「沖縄の長旅が、どうぞご無事で」と、下車していった。

以来、四半世紀がたった。

第二の特急氏には出会っていない。

私は思う。我が国は、何やら不穏な時代を迎えている。よもや愚かな時代に逆戻りはしないよう、切に願う。

そして、戦争がなくても日々、一歩一歩前進している。ましで我が国は災害列島だ。私が非戦行脚で全国を旅するなかでも二度の大震災があり、間断なく、大事故、大事件と頻発するではないか。それにより、何事かが進展する。ならば戦争を起こさぬよう外交に徹し、人知をつくす。つくすべきだ！

一二月二三日に思うこと

一九九四年の非戦行脚当初のころだった。私の「えっ！　兵隊さんが死の間際に『天皇陛下！　万歳！』じゃないんですか？」との問いに、元兵士の方がたは異口同音に言うのだ。「表向きは、そうです。でも、本当のところは『かあぁちゃん！　おかあぁちゃん！　おっかぁ！』です」と。

「産めよ、増やせよ」の多子世代の若者は、二〇歳（四四年からは一九歳に引き下げられた）になると徴兵検査を受け、兵として戦場に駆り出された。「身を鴻毛《こうもう》の軽さに致す」と、兵の命など鴻の羽毛ほどの非常に軽いものとされたのだ。

大日本帝国時代の天皇は神と崇められ、大元帥とも言われ、陸海空軍の統帥と称される最高指揮者でもあった。

四五年八月一五日、日本は第二次世界大戦の敗戦国となった。

四六年一月一日の天皇（昭和）による「人間宣言」。人間宣言とは通称で、正しくは「新日本建設に関する詔書」と言われ、天皇を神とする考えを天皇みずからが否定し、天皇制の改革を国内外に宣言したのだった。

かつて日本が経験したこともない大混乱のただなかにたたき込まれていて、とりわけ天皇一族の有様は最たるものだったろう。

皇太子明仁氏は三三年一二月二三日出生で敗戦時は一一歳の国民学校の六年生だった。父である昭和天皇が大日本帝国の大元帥の立場であったために国内外から戦犯容疑の声があがり、皇太子の我が身にも何が起きるやもしれないと悩みぬいたのではなかろうか。

三年四か月の歳月が流れ、明仁少年は中学三年生、一五歳の誕生日を迎えた。まさにその一二月二三日午前〇時一分のときがきた。

米国のマッカーサー元帥は決断を下した。A級戦犯七名の処刑だ。

まず一組目の東条英機（陸軍大将、陸相、首相）、松井石根（陸軍大将、中支派遣軍最高司令官）、土肥原賢二（陸軍大将、在満特務機関長、第七方面軍司令官、教育総監）、武藤章（陸軍中将、陸軍省軍務局長、比島方面軍参謀長）の四名が絞首刑執行された。

次に、亡夫の祖父・廣田弘毅（首相、外相）、板垣征四郎（陸軍大将、支那派遣軍総参謀長、朝鮮軍司令官）、木村平太郎（陸軍大将、関東軍参謀長、陸軍次官、ビルマ派遣軍司令官）の三名の処刑は午前〇時二〇分だった。

次期天皇たる皇太子の地位を戦勝国が居丈高に意味づけての一五歳誕生日の処刑、しかも待ちに待っての〇時一分なのだ。

一方、亡夫は二〇歳で、スガモプリズンでの祖父・廣田の「立場を得るということは良いも悪いも引き受けるということ」を肝に銘じて、ラジオに耳を傾けていたのだろう。

八九年一月七日に昭和天皇は八七歳で世を去った。

時は昭和から平成となり、皇太子明仁氏が皇位継承により天皇となった。

平成三一年（二〇一九年）四月三〇日で退位し、翌五月一日より令和時代となった。

明仁天皇が上皇となったからだ。上皇とは天皇譲位後の尊称と広辞苑にある。後世の人びとは平成は戦争のない時代と語りあうに違いない。明仁天皇を思うとき、常に平和を希求していた天皇であり、とりわけ戦場にされた沖縄県に心を寄せていたと記憶に残ることになるだろう。

譲位した一九年に天皇誕生日は存在しない。従って上皇になった八六歳の一二月二三日は静かな誕生日だったと思われる。かつて一五歳から八五歳までの七一回の誕生日は表現のしようもない複雑な思いの〝特別の日の万歳〟ではなかったろうか。

令和時代のこの先を〝あの一二月二三日〟に思いを馳せ、静かに迎えるのは、A級戦犯七名の縁者のみでいいのではなかろうか。

まるで空襲の痕だ

一九九五年一月一七日に阪神・淡路大地震は起きた。私は五日後の二二日に、かねての約束どおりに九州方面への非戦行脚に出た。

飛行機が苦手で新幹線に乗車し、神戸付近は代替バス便利用となり、そのバスもJR新長田駅あたりは徒歩となっていた。

長田は老朽化した建物が多く、また密集地でもある。長田区では死者約九〇〇人、倒壊・焼失家屋約二万八六〇〇棟と言われる。

私の頬に大粒の涙が流れていた。だが、旅人も、まさに瓦礫《がれき》をひっくり返し何物かを探す人のだれもが涙などなかった。

私とつかず離れず歩を進めていた七〇代とおぼしき夫婦連れの会話が耳に入ってきた。

「おとうさん、戦争のことを思い出してしまったわ。いやだわ！」

「かあさん、まったくだ。さっきからそう思っていたが……。でもなぁ、これは天災だ。空襲はアメ公がやったことだ。あのころは毎日が死の覚悟だったなぁ」

「おとうさん、思い出すだけでつらいわ。日本中の皆がみんな、空襲のあとも生きるだけで往生しましたね」

私は、平穏な田舎町に疎開していて、空襲を知らずにきた。これが空襲かと納得した。

さすれば歩いている私の足元に一家全滅のままの焼死体が横たわっているかもしれない。そおっと足をしのばせ歩を進めた。

そのときだ。若者の喜びの声がした。

「あったぁ！　あったよ。よかった！」

親御さんに向かって、アルバムを探し出したことを言っているのだ。

その声を耳にしながら、私は焼けただれたビルの外壁だけが残っているのを目のあたりにしていた。そこに小さな鉄片が留め釘から、いまにも抜け落ちそうになって、ぶらさがっていた。

この鉄片は地獄の展開をつぶさに凝視して、いまここにある。ならば私は私の〝もの〟としなければならなかった。

『新長田の鉄片』はリビングの飾り棚にセロファンに包まれ、紫と白のリボンに上部を結ばれてある。厚さ二ミリ、横四センチ、縦一一センチで、上部二か所に逆V字型の三・五センチの釘のついた代物だ。

『新長田の鉄片』は、この世の非情さと生と死の狭間をまるで私に問いかけているように思える。

帰りの旅は山陰本線を利用し、大阪に出て、それから新幹線と決めていた。

二七日午前一時ごろの急行「だいせん」の車中でうとうとして、ふいと目を開けたときに、隣に二〇歳前後の女性がいたことに気づいた。手に大判のグラフ誌があった。

「あのお、おばさま、よろしいかしら」

遠慮がちなもの言いに私はうなずいていた。

「横倒しになった高速道路の、この脇のマンション、こちらが私の部屋ですの」

驚く私を見て、一気にしゃべりだした。

「両親が離婚し、私も妹も、父の顔などまるで覚えていません。父を憎み、むろん、水商売で働く母も憎んで育ちました。それ以上に貧しさが堪えました。去年、短大を出て、神戸に就職できました。……でもお部屋を借りるだけが精いっぱい。ベッドにちっぽけなテレビ、薄っぺらな姿見、洋服ダンスなんてとても買えません。ビニールロッカーです」

私は無言でうなずき、彼女の手を取った。

「あんなに呪っていた貧乏に、いまは心から感謝しています。……もしも、たくさんの立派な家具に囲まれていたら、とても生きていられません。あの瞬間、空中に体ごと投げ出され、ひっくり返った姿見のその板のうえに叩きつけられ、かすり傷のひとつありません」

母親や妹が彼女を心配したのは当然だが、それまで連絡の取れないでいた父親が母親に電話をかけてきて、彼女の無事を喜んだというのだった。今度はその父親とも会うことを決めたと、大きな笑顔になり言っていた。

靖国神社とA級戦犯処刑者・廣田弘毅

二〇一五年は特筆すべき年となった。

八月一五日は先の大戦終結から七〇周年であり、安倍政権が戦争法（安保法制）成立へと突っ走り、疑問を持った国民が国会前や全国各地でデモを繰り広げ、日本中が激動した夏の、暑く、かつ熱いたたかいの日々だった。

私は連日、国会前の最前列で機動隊員と真向かいになり、「戦争法反対！」と声をからしていた。結果、九月一八日の遅い電車で帰宅し、夜食をとっていた。明けて一九日午前二時一八分に議事録もとれない喧噪《けんそう》のなかで、わずか八分間で成立された「戦争法」なのだ。

天をつく怒りと、どうしようもないむなしさで、寝付けずにうとうとし、起床しても食欲がなく、果物とヨーグルトを腹におさめ、昼近くまでソファーに体を預けていた。

後日から、翌年六月末日まで「戦争法反対」署名活動の日々となった。朝食をすますと、都区内及び近隣県にと、署名簿を持ち、家を出る。雨降りの日は、二つの駅の待合場所に出向き、すべてが対面方式で、四一九五名の賛同を得ていた。それほど奮闘できたのは、私と亡夫の生育環境が大きく起因している。

私の父はシベリア抑留から生還したが、母の言によれば「別人になり帰ってきた」のだ。

夫はといえば廣田弘毅（元首相・外相でA級戦犯で処刑）の初孫で、廣田邸に預けられて育ち、敗戦時は一七歳で、廣田処刑時は二〇歳。当地に移転する一九五三年までは廣田家とともにあったのだ。

廣田は首相になる前年の岡田内閣の外相時に「私の存在中に戦争は断じてない」と国会で言いきった。その念で首相になっている。

九三年の夫は死病の床で戦時下に戻り、私を助けたい一心の叫び声をあげていた。ゆえに私が非戦行脚者になるのは必然だった。

靖国神社へと話を転じたい。

A級戦犯が靖国神社に合祀《ごうし》されたのは七八年だ。戦前の合祀対象者は軍人であり、かつ戦場で亡くなった人だけの厳粛主義だった。

松平永芳宮司は、東京裁判の不当性を訴える目的でA級戦犯合祀に踏み切ったようだと、二〇〇六年の報道にある。また遺族に合祀の事前了解はしないという有様だ。

処刑者七名のうちの六名には肩書の一つに武官が入る。廣田だけは武官ではなく文官なのだ。

いまや首相や政治家が、靖国神社に詣でるたびに国内外で大きく報道される。

節目の一五年に、私はしっかりと靖国神社を学ばねばならぬと、図書館で計一四冊を借りた。驚いたのは、おおよそが手厳しいものだった。

私は靖国神社に出向けずにいた。海軍の兵士だった伯父が船と運命をともにしていて、祖母の深い悲しみ（「名誉の戦死」）を思えば、私の足は九段には無縁になっていたのだ。

意を決して八月三日、七日、一五日、さらに九月四日、そして戦争法成立の一九日の午後に、靖国神社へと足を運ばせていた。

八月一五日は特別の日となっていた。

地下鉄九段下駅の最寄りの一番出口は封鎖され、三番出口から地上に出た。十重二十重の機動隊員と警察官だ。人、人、人の境内では「日本会議」「英霊にこたえる会」共催の催しがあり、軍服姿もいたのだ。

「大日本帝国」が展開されている。正午の灼熱のもとで、私は何やら薄ら寒い思いになっていた。

毎回、遊就館一階の土産売り場に立ち寄る。そこには「大東亜戦争」讃美の本やグッズが山ほど並んでいる。

五回目は戦争法が成立した午後に、二階の見学コースへとエスカレーターに体を預けた。

まさに『美しい国』が繰り広げられていて、アジア諸国を解放へと導いた聖戦であるとの文言や品々があった。

戦前は、陸海軍省所管の靖国神社は、戦後は宗教法人の神社となった。そこは『美しい国神社』であり、『神国日本讃美神社』との意を秘めた『靖国神社』が歴然と存在していた。

経済的兵役

激動の時世には、遠くない過去を振り返ることが必要だろう。

二〇一四年は「平和」について、深く考えさせられる年になった。

一二月一四日の総選挙では、集団的自衛権、秘密保護法などは争点から隠され、安倍首相のしてやったりの笑い顔を見ることになった。

私はそれに抗する四つの集会に参加した。

投票日の一四日は都内でも文化度の高い地域の集会で不埒な発言が飛び出た。しゃれた身形の教養人と思しき六〇代前半の女性だった。

「沖縄県の一つの島を基地集中島にすればよいのですよ」

「九条の会」は〇四年に立ち上げられ、全国に七〇〇〇を超え、その一つで「憲法擁護」とは真逆な贅言に皆が沈黙してしまった。それは各人の心の片隅に巣食っていた「沖縄差別」が露呈したからだったろうか。

私は叱り飛ばしたい思いを腹に秘め、あえて静かなもの言いになり、言っていた。

「戦争マラリア、離島苦の言葉を持つ沖縄です。あなたさまの考えを琉球新報、沖縄タイムスに投稿してはいかがかしら」

己の小指の先のささくれには敏感だが、他者の生き死にはまるで無関心な有様に「沖縄病」の私が皮肉な提言をしていた。

一七日には港区の住民による「みなと　文化の会」主催の第三回「米兵はこうして造られる」と題する講演とシネマの上演会が慶応大学であった。

米国四人家族の平均的健康保険料が月に一二万円。それが家族のうち一人が兵士志願すれば、年間わずか五万円ほどですむ。退役後は大学進学が可能だ。画面の最後で若者が「ある職業に就きたい。そのためには進学しかない」と話していた。もう一人はとにかく大学で学びたいと、あどけない笑顔だった。

彼らの命がけの思いに、私は大学進学を断念した自分を重ねてしまい、エンドロールが涙で見えずに、泣き声を殺すのに懸命だった。

アメリカ在住二〇年になる若い知人が言っていたのは、移住当初に独立記念日やメモリアルデイなどが大々的に行われ、戦闘機の飛行ショーに「わあ、すごい！」と歓声を上げていたが、アメリカ生活に馴染んでくるにつけ、戦争への不安が頭をもたげてきて、戦争に突入する気構えが常にある国だと思えて恐ろしくなり、それ以前は軍にかかわりのある家の優遇制度がうらやましいと感じていたが、心身ともに健やかに生還するのは奇跡的だとわかったということだった。

実際、このことは「経済的兵役」なのだ。

さらに二日後は、早稲田大学で若者たちが「わたしたちが思う九条～自分らしく生きるために～」と題する集会があった。

まずは都立高校三年の男子生徒、次は女子大生と大学一年の男子が発言した。総勢三〇〇人が参加し、若者が二、高齢者が一の割合だった。

その後の対談で、東京大学教授の小森陽一氏が登壇した。氏は帰国子女で、高校生当時はベトナム戦争反対のゼッケンをつけていたという根っからの反戦主義者で、もう一人はアニメーション映画監督の高畑勲氏で、中小の映画会社に身を置き、いつの間にか高度成長の世に抗し社会運動に目覚めた自分がいたと発言した。

二〇日は現場の教育者の声を文京区民センターで伺っていた。前年（一三年）土砂災害の被害にあった伊豆大島にその年の一一月に、純な高校生を二泊三日の自衛隊防災訓練と称し参加させたことが報道された。

これこそが国の巧妙な兵士育成作戦だと、私は思った。

当時の一四年、そして、それから今日まで政権党の有様を考えると我が国は経済格差をつくることに老練さを発揮し、それによって貧しい若者が自衛官（もしや兵士）に志願するように絵図を描いているのだ。

だからこそ私は抗っている。

黄薔薇・紅薔薇・白薔薇

三姉妹の長女として育った私は、四歳のときに疎開先の栃木県藤岡町（現・栃木市）で敗戦を迎えた。平穏な田舎町だったので先の大戦のことはほぼ覚えてはいない。

私には、戦時下と戦後の混乱期に赤子で旅立った二人の妹がいた。そんなわけで、私と戦後生まれの別の二人の妹は、せめて「平和とは」、その対極の「戦争とは」を伝えていかなければならない立場なのだ。

一九九三年に病死した夫は、敗戦のときは一七歳だった。東京・原宿の祖父母の家で、山の手大空襲に遭い、その後、親元の満州（現・中国東北部）に戻り、ソ連軍の進攻と引き揚げ時の地獄を体験し、その後も数多の辛酸をなめることとなった。

そうした夫だからこそ死病の床で、戦時下と思い込み、寝返りの打てない体で、私を助けたい一心で叫んでいた。

「燃えてきた！　逃げて！」と原宿の夜になり、ときには「逃げて！　隠れて！　ソ連兵！」と満州の夜襲のときになっている。少し落ち着いてくると「女の色は着ないで！」と私に懇願するのだ。

また、父はシベリア抑留から生還したが、「人が変わってしまった」と母は言っていた。警視庁の警察官として復職がかなったものの、シベリア帰りは赤化していると非常に疎まれた当時、どれほどの差別のなかに身を置いたのだろうと思うと、いまさらに娘として心が痛くなる。

亡き夫は長男で、私が菅野の家の墓所を引き継いだ。だが私たちには子どもはいない。そして二〇年の歳月が流れ、婚家の墓所は義弟一家に預けることにした。

そして新しく墓所を求めた。

夫、両親、亡き妹二人を一緒の霊園に改葬することにした。墓石に苗字を刻むのが一般的だ。だが私の場合はどちらの姓も継ぐ者はいない。考えた結果、次のようにした。

洋形の墓石銘は『黄薔薇・紅薔薇・白薔薇』三段の右に一文字分をずらしながら刻

んだのだ。

黄薔薇は終戦の一九四五（昭和二〇）年にピースと名づけられた記念花なのだ。

紅薔薇は、私の大好きな花で情熱の意がある。

白薔薇は四二年にナチに抗し結成されたハンス・ショル、ゾフィー・ショル兄妹など若者たちの象徴の花、まさに反戦、非戦の深い意がある。


結婚当初、平和希求の私は、夫に「仏間に『六法全書』を並べたい」と頼んでいた。先記した原宿の祖父は戦犯になった人物だ。穏やかで口数の少ない夫であったが、先の大戦の傷口は根深いものがあったはずだ。だから私は夫とともに「九条」が輝いている六法全書を朝夕に拝みたいと考えてのことだ。

また、仮に私が生まれた東京下町に居住していたら、小柄な母と私は猛火と烈風に飛ばされるか、私は助かったとしても沖縄を除く全国戦争孤児一二万三五一一人のプラス一人になっていたかもしれないのだ。

「しいちゃん」としか名乗れない幼子はその悲運さえ理解せずにどう生きたのだろう。

亡き妹たちも平時の世なら命を落とすこともなかったろうと思う。

眠る五人に深く思いを馳せれば、皆が先の大戦の被害者だと思えてならない。

通例では、墓石の右側面には何も刻まないのだが二行の文章が刻まれてある。

私にとり　飲水思源と称すべき人物は
第一に祖母青木トヨ　第二は夫武です

戦争の深手を負った父、情報の乏しい時代に若い母は父の勝手に嘆くばかりだった。

私の救いは祖母だった。三男の父は祖母と墓所をともにできない。だが、祖母あっての私だ。

私の人生の恩人の祖母の名を墓石の側面に残し、また夫は夫以上に私にとり父のようであり、大甘な祖父のようでもあった。二人は仏様ではなく神様！　そこで側面の文章となった。

当時 114 歳の木村次郎右衛門さん（右）と。2011 年 5 月 11 日撮影

〝あたい〟が〝わたくし〟になって非戦行脚二九年

高橋エミさんと話していて、みずから命を絶つ人の多さに二人して溜息をついた。エミさんは「クロンボ!」と言われ続け、戦って、いまは歌手として活躍している。

実は、私も小学校五年生の転校時に一世一代の戦いをしたことがある。教育熱心な父は私を区立の名門小学校に越境入学させた。四年生の一学期のある時だった。教師は国語の授業時に長文の朗読を私にさせた。読み終えた私に疎開先を尋ねた。「ああ、それで」と、薄ら笑いをした。イントネーションが東京言葉と違っていたのだ。祖母にかわいがられて育った私は祖母への冷笑と受け取った。

以後、私は学校で一切、口を閉ざしてしまった。するとそれまでがウソのように二学期の通信簿は低い評価となった。数回のペーパーテストは一学期と同様にほぼ満点だったはずだ。

三学期の最後の日に教師は父への手紙を私に持たせた。父は私に幾度も学校での様子を尋ねた。私は無言でいた。祖母を守りたかった。それに私は小学校入学時にシベリアから生還した父になじめずにいた。だから、だんまりを決め込み、父に頬をたたかれても押し黙っていたのだ。

五年生の進級時に、私は本来の通学校に転校することとなった。

教師が皆の前で私を紹介した。私は頭を下げ、この学校では楽しく過ごそうと決心した。

一時間目の授業が終わり、教師が出ていった。すると誰かがそばに来て、やにわに私は頭を小突かれ、足を蹴飛ばされた。横目で見ると、やたら体の大きな男の子だ。彼奴《きやつ》が言った。「へんっ！　気取ってやがら。何もかも上から下まで新調だ。それに頭に、リボンをつけてやがんの……」と。私はただただ驚き、彼奴を恐れてか、誰も助けに来ない。それで遊び時間は終わった。

二時間目の授業時間中、私は教科書を広げていても、頭の中は、この先どうしよう、とそればかりを考えていた。前の学校のようなみじめな思いは絶対嫌だ！　そして結論が出た。

教師が教室を出ていくと同時に私は席を立った。小柄な私は一番前の席だ。

彼奴は中学生のような体格だ。一番後ろの席に決まっている。私の考えは当たった。

前の学校は教室の後方にちり箱とちりとりとほうきがあった。この学校も同じだった。私は右手にほうき、左手にちりとりを持ち、彼奴の座っている席に行った。そして、めったやたらに彼奴の頭といわず体中を、力の限り、たたき続けた。声もできるだけ大声で叫んでいた。

「先生は仲良しをしてね、と言った。それをなんだ！　あたいを蹴ったり、小突いたり、好き勝手をやった！　お返しだ！　お前をこらしめてやる。ちゃんと聞け、あたいのおとうちゃんはおまわりさんだ！　今度、あたいをいじめたら、お前は逮捕され、ブタ箱行きだ！　学校は勉強するところ、あたいは勉強ができる。お前になんかに負けるもんか」

そんなことを喚きながら、でも両の手がくたびれてきた。だが、やめるわけにはいかなかった。誰もがびっくりしたまま、彼奴と私を見つめて、凍りついていた。

私は彼奴に怒りながら、前の学校での約一年の鬱憤を吹き飛ばしていたのだろう。両の手の限界がきた。それでもここでやめるわけにはいかない。口だってずいぶんとくたびれてきた。私は心で叫んでいた。

「あたいは頑張る！　ベルが鳴るまで、死んだって、頑張る！　おとうちゃんに頬をぶたれた！　悪いことをしていないのに……」と。

三時間目が始まった。

教師が「わかった人は」と言った。私はさっと右手を高々とあげる。私はわかってもわからなくても一番前の席から、真っ直ぐに手をあげる。実は、わからないときは目線は下を向く。わかったら教師の目を見て、手をあげていた。

はしたない有様を書いてしまったが、私の人生最大の分岐点となっている。

小学生にとり、居場所は家と学校、学習塾などだ。くわえて友だちだ。

越境通学していた私に五年生時に友人はいない。当時は学習塾はなく、算盤塾だけで、一時間ほどの塾で、住まいと道をはさんだ目の前で友だちづくりの間もない。従って、学校が大きな心の置きどころでなくてはならなかった。

また、私は父になじめない以上、母は遠い存在だった。

そもそもが疎開時に万屋の店番をする祖母にまとわりついている私、家の雑事を一手にする母だった。

そして、一月に生還した父が警視庁に復職し、四月の私の小学校入学は東京の学校のはずだった。それが「おばあちゃんといる！　東京の子にならない！」と泣いて叫んで、祖母にしがみつく私に大人たちは根負けし、先に両親が東京生活をするようになった。

夏休みが来て、八月下旬に父が言った。「東京には上野動物園があって、そりゃあ見たこともない動物が、そう、この絵本の、どれもが、上野の動物園にいるんだ」と。そして私は、東京の子になってしまった。それが越境入学の始まりだった。

翌月一〇月に妹が生まれ、その翌年に母が数か月間の家出をした。赤子を連れての家出に、母は私に一文字の置き手紙さえ残さなかった。

私に無言で姿を消した母は帰って来た時も同様で、謝りの言葉も抱きしめられた記憶もない。淡々と食事をつくり、卓袱台に並べる。

静かに時が流れ、赤子の泣き声だけがする。そんな数か月後に、父の新しい相手がやってくる。気弱な母は妹を抱き、階段を下りてゆく。私は「家に来るな。さあ、帰って！」と叫ぶ。

私は卓袱台に教科書とノートを広げる。そうすれば母の愚痴の相手をしなくてすむのだ。

私は勉強が好きとか嫌いとかは問題外だ。成績がよければ学校で楽しく過ごせる。父は相変わらず、毎月学習誌二誌と、朝日の小学生新聞、参考書も次つぎと与えてくれていた。

私は祖母に会いたいと言ったことはない。だが、春と秋の祭りの日には、それが平日であれば、学校を休ませ、父は私を連れ、東武・浅草駅から栃木の藤岡まで行くのだ。

夏休みとなれば、学校から帰宅すると、その足で、祖母の元へと急ぎ、八月三一日の昼まで「おばあちゃん！　おばあちゃん！」とまとわりついていた。

四年生のある時、父は母と私、妹を一緒に千葉県市川市国府台に連れて行った。父の実母と、その連れ合いと、一〇代後半の女の人がいた。私は驚きで全身が凍りついた。ただ、私の本当の祖母という人が口にした言葉で世界中で、一番嫌いな人となってしまった。

「おトヨさんは一日中、何もしないで、長火鉢の前にいる人だからね」

私は心で叫んでいた。

「おばあちゃんは暑い夏だって、鉄瓶で湯を沸かしていて、お客さまにお茶ふるまっていた！　歩いて次の町まで行く人には何杯もおかわりを出して、なかには握り飯でお昼をする人にも、にっこりと、やさしかった！」

続けて、また心のなかで言っていた。

「気を良くしたお客は、あれこれ土産や日持ちのするもんを買っていったんだっ！」

祖父が勝手したその相手が、国府台の人だ。祖父は機織《はたおり》工場を営んでいて、そこで働いていたのが私の血のつながった祖母だった。

その人は長寿をまっとうしたと人伝てに知った。

私の大好きな「藤岡のおばあちゃん」は、私が中学二年の三月一一日に六三歳で旅立った。そのときのことを、私はほとんど覚えていない。だが、当時七歳だった妹は、私が泣いて泣いて、私がどうにかなってしまうのかと幼いながら案じてしまったと言った。

さて、私が非戦行脚者だからか、父母やその親たち世代を「戦争」に結びつけて考えるのだろう。

明治の男性には常に戦争に駆り出される恐れがまとわりついている。まして男尊女卑の時代だ。また女性の活躍の場はわずかだ。

従って、祖父の勝手さや国府台の人の間柄も、ぼんやりと理解できる。いや、孫の私は理解しなければならないと、無理やり思うことにするときもあった。

そして父母を考える。一九歳の父と一八歳の母とが出会った。どちらも親との縁の薄い育ちで、互いがいたわり合う仲となったのだろう。父が二〇歳、母が一九歳で、私という子を成した。

若い二人が親という役割になじめないうちに父は兵隊にとられてしまったのだった。

父は無事（体）に生還したものの、その心は、戦場で、またシベリア抑留時に、とてつもないほどの苦悩を味わってしまったのだろう。

大正の男は弱音を吐かないことを良とする。

また、いまのように情報があふれる時代でもなかった。母が父を理解する〝すべ〟もないまま戦後を生きてきたのだった。父は五〇歳で世を去り、母は九二歳で人生を終えた。

いまは両親のことを、いたわりをもって思える。

私の非戦行脚は一途に夫を思っての当初だった。それが旅を重ねるうちに、いつしか父の戦時下・戦後を考えるようになっていた。

楯つく私に父が悲しげに「大人になってわかるときが来ればわかる」と言った。

私が、夫や先だった皆のところに行ったときは、真っ先に夫に会う。そして言う。「父のところに飛んでいき、すぐにもどります」と。

「おとうさん！　静枝はおとうさんのことがわかりました！　わかったよ、おとうさん」

吉田万三さん（左）と菅野静枝さん

［対談］

「新しい戦前」にしないために

吉田万三

（一九四七年生まれ。治安維持法犠牲者国家賠償要求同盟会長。元東京都足立区長。歯科医師）

菅野静枝

（一九四〇年生まれ。一九九〇年に菅野武と結婚。武の一周忌を機に「非戦行脚」を続ける）

菅野　吉田さんには、足立区長を務めておられた一九九七年一一月にお会いしています。二六年ぶりです。そのときに「住民が主人公」と手帳に書いてくださいました。

吉田　あのころは大変でした。住民の運動で何とか乗り切りましたけど（笑）。いまは「治安維持法犠牲者国家賠償要求同盟」の会長をしています。

菅野　治安維持法の犠牲者にご存命の方はどれほどの人数いらっしゃいますか。

吉田　わかっている人では北海道・旭川に菱谷陵一さんという一〇二歳の方がいます。学生のときに「生活図画事件」という思想弾圧事件で投獄されました。

菅野　私が本で調べたところでは、治安維持法下の一九二五年から四五年の二〇年間の検挙者は国内で六万八三三二人、植民地で三万三三二二人ということです。日本人では死刑になった人はいないようですね。

吉田　正式に裁判を受けて死刑判決を受けた人は国内にはいないのですが、朝鮮では五十数名が死刑判決・執行されています。もちろん国内でも裁判に行くまでに拷問などで亡くなった方はたくさんいます。

菅野　資料によって違うのですが、虐殺死が八〇人とか、九三人となっていますね。あとは獄死が一一四人とか四〇〇人以上で、それに伊藤千代子さんのような病死ですね。ご遺族の方はどうなさっていらっしゃいますか。

吉田 私も犠牲者の遺族です。両親ともに治安維持法で投獄されています。殺されはしませんでしたが、ひどい拷問を受けたそうです。ただ、あまり生なましい話は私にもしませんでした。

菅野 そうですね。私の非戦行脚の体験でも、〝語るべき人〟ほど語りたがりません。私の父も、シベリア抑留の経験者ですが、その話はほとんど聞きませんでした。やはり語るべき人には語ってもらいたいという思いを強く持っています。ただし、集団死の金城重明牧師、大田昌秀沖縄県知事、戦災孤児の吉田由美子さん、鈴木賀子さん、下平作江さん、また高橋エミさん、X子さん、および中国帰還者連絡会の方がたは、詳細に話してくださったと感謝しています。〝語ってほしい人〟がなかなか口を開こうとしないのは、やはり思い出したくないのでしょう。そして「自分事」として受け止めてしまっているように思います。特高警察の拷問を受けた経験のある一〇五歳（二〇一九年当時）の女性が、娘さんに爪を切ってもらうときに、拷問で生爪《なまづめ》をはがされたときのことを思い出すのでしょう、最後まで爪を切るのをとても怖がっていたそうです。またその女性はNHKから刊行された本の記述ですが、親と一緒に治安維持法違反で二八年に捕まった当時は一四歳で、持って回った書き方をしていますが母親の目の前での強姦です。まだ異性経験のない一四歳の女の子に対して人面獣心の行為にいたったのです。

吉田 強姦だけでなく、裸にされて辱められることも数多くあったそうです。ですが、戦争反対を口にすれば特高や憲兵につかまって拷問されることは知れ渡っていたので、そうしたことが言えない社会でした。父親が家で酒を飲みながら「この戦争は負けるかもしれない」と言ったら、母親があわてて「ご近所に聞かれたら困るでしょ」と止めるなど「隣組」などをつかった監視体制が敷かれていたのです。ですから間違っても「戦争反対」とは言えず、そうやって戦争に突き進んだのです。

菅野 私が菅野武との結婚で母方の廣田家にあいさつに行った際に、廣田弘毅の秘書をしていた三男の正雄叔父が「治安維持法がなくて共産党が自由に活動できていたら、この国は戦争をしなかっただろう」としみじみと語っていたことを思い出します。続いて「昭和の天皇陛下のことをどう思うか」と私に聞くので「私にとっては大日本帝国の大元帥という認識しかありません」と答えたら驚いていました。私の一学年上までは墨塗り教科書を使いましたが、私が四七年に小学校に入学する数日前に新しい教育基本法が決まったので、先生たちも〝左〟の方に揺れていたのです（笑）。私たちは「思ったことは自由に言いなさい。それに男女同権です」という教育を受けました。夫・武は「しいちゃんは戦後の教育そのもの」とよく言っていました。くわえて私は下町育ちですから、子どものころから男の子が相手でも、無論大人にも、言いたいことをハッキリいうこざかしい子でしたから（笑）。かつてのそのような時代が来ないように心底願い思うのですが、それにしても岸田内閣は戦争をしたがっているように思えてなりません。

吉田　私のまわりにも「中国が攻めてくるから多少の軍備は必要だよね」という人もいますが、政府が中国や北朝鮮の脅威を煽っているのは確かです。本当に日本を攻めようというなら、ミサイルなど打たなくても兵糧攻めにすれば日本はアウトですし、逆に岸田内閣も本当に日本を守ろうとするなら、軍事費増額よりも食糧やエネルギーの自給率を高めることこそ本気に考えなければなりません。また、政府が軍備増強を進める裏には巨大な利権があります。〝原子力ムラ〟や一般の公共事業にも利権が絡みますが、軍事利権はケタ外れのうえに〝軍事機密〟とされてメスが入りにくいのです。三月に沖縄・与那国に行ったのですが、そこの自衛隊の職員宿舎がありまして、東京の感覚では二〇〇〇〜三〇〇〇万円ぐらいのものが五〇〇〇万円です。ほとんど〝言い値〟で、受注企業はぼろ儲けだと思います。

菅野 国が税金で払うからそうなるのです。他方で、夏休みは給食がないのでおなかをすかしている子どもたちがいるというのに、何ということでしょう。ここに来るときに、上は小学三年の五人の子どもを連れたお母さんとエレベータに乗り合わせてしばしご一緒したのですが、その方は「いま一番こわいのは戦争です」と言っていました。五人の子どもの将来がかかっているのですから真剣です。また独身の私の姪が「日本がこの先どうなるかわからないからとても結婚はできないし、子どもも産めない」と言っています。

吉田 タモリさんが「新しい戦前」と発言したのを機に、嫌な雰囲気を感じ取っている人が増えているように思えますね。

菅野　「昭和一〇年代前半に似ている」と当時のことを知る人も言っています。そして「治安維持法の現代版法」と言われる共謀罪が、一七年六月一五日に可決成立されました。

吉田　そうです。特定機密保護法、共謀罪法、重要土地調査規制法、そして安保関連法と法的整備はできてしまっています。

菅野　他方で、自衛隊志望者が減っているようですね。それで自治体が若者の情報を提供する事態になってしていますよね。

吉田　以前から「自衛隊に入ると資格が取れる」といったアメ玉で募集していましたが、近年は戦争のありようが変わってきています。極端な言い方をすれば「戦争の民営化」です。かつては敵地で土木・建設などをになう「工兵隊」の仕事が民間の建設会社に委託されるようになりました。自衛隊でなく建設会社に就職できたから大丈夫だとは言えないのです。それからドローン（無人機）で視察をするなど、戦争もいまやゲーム感覚ですね。

菅野　建設会社のトップは自分が戦地に行くわけではないし、国にいい顔したいから請け負ってしまうのですね。それから「経済的徴兵制」と言われるように安定した職に就きにくい社会になっていることもありますね。

吉田　そして戦争体制づくりという点では、特高警察が戦後も生き残って、日本の政治の要所を占めてきたという問題も大きいですね。

菅野　元特高で、にわかに信じられない事実に、国会議員になった人が五四人もいて、自治体の要職にもたくさんついています。また「七三一部隊」の関係者で、戦後の医学界で名をあげた人もたくさんいましたね。

吉田　数年前にロシアに行ったのですが、旧ＫＧＢの建物に煌々と灯りがついていました。ソ連崩壊で体制は変わったのに秘密警察は残っているのです。旧支配機構が多少形を変えて残っているわけです。そのときに日本も同じだと思ったのです。アメリカは戦後日本を占領した際に、何人かの幹部に責任はとらせて、天皇は象徴に変わったりしたけれど、支配の機構は温存しました。旧内務省の官僚が、法務省、厚生省（現・厚生労働省）、文部省（現・文部科学省）など戦後の省庁にそのまま残ったわけです。最近の入管法「改正」のやり方などをみても、旧特高警察の体質そのものじゃないですか。

菅野　入管法問題では、亡くなったウィシュマさんの妹さんなどが頑張ったので問題が明らかになりましたが、そうでなければ他の多くのように闇に葬られていたと思いますね。よく言われるように、日本は戦争への反省がなされていないというのは、ドイツと大きな違いだと思います。

吉田　ええ。私たちは国家賠償法という法律にもとづいて謝罪と賠償を求めているのですが、私たちの思いは「金よこせ！」ではなく、きとんと謝罪をしてほしいというものです。しかし日本政府は謝罪どころか調査すらしません。小林多喜二が拷問で亡くなったことは周知の事実ですが、国の公式記録では拷問で殺されたことにはなっておらず「心臓麻痺」になっています。特高警察による拷問はいまだに認めておらず、国会でも「当時の法律に基づいて適法的に行われた」と答弁するありさまです。

菅野　私は、数年前に築地一丁目のあるマンションに住もうかと考えたことがあって、築地警察署の生活安全課に地域の治安を尋ねに行ったことがあるのです。そのとき「ここで小林多喜二が殺されたのですね」と言ったら、「毎日いろいろな人が来るけれど、あなたみたいに堂々とそんなことを言った人は初めてだ」と驚いていました。私は夫が病死したときにずっと後追いを考えていたのです。でも、空襲で焼き殺されたり原爆で亡くなったり、特高警察に虐殺されたりした人のことを知るなかで、病死というのはもっとも人間らしい最期なのではないか、幸せな死ではないかと思うようになり、クヨクヨしていた自分の目が開かされました。戦争や虐殺で亡くなる人を二度と出さないよう、非戦行脚を続けたいです。一二二歳まで（笑）。

吉田 特高警察による事件として、もうひとつ「宮澤・レーン事件」を紹介しておきたいと思います。真珠湾攻撃の当日、全国いっせいに外国人のスパイ摘発が行われました。北大の英語教師のレーン先生はクエーカー教徒で良心的兵役拒否を貫いた人で、国際交流にも熱心な人でした。北大生の宮澤さんが根室飛行場のことをレーン先生に話をしたことが軍事機密の漏洩だとされ、宮澤さんとレーン夫妻が逮捕・投獄された事件です。

菅野 治安維持法弾圧では、自分がなぜ逮捕されたのかわからないという人が多かったそうですね。

吉田 いまでは逮捕令状がなければ逮捕できませんが、治安維持法の時代は「何の容疑で捕まったかが秘密だ」という逸話が残っているぐらいです。宮澤さんは根室の飛行場を撮影した容疑なのですが、根室飛行場は当時の観光地図にも載っていて誰でも知っている飛行場でしたから、機密でも何でもありません。しかし「海軍大臣が軍事機密だと指定したところが軍事機密なのだ」という理屈で逮捕されたのです。今度の「重要土地調査規制法」でも同じようなことが起こりかねません。

菅野　じわじわと日本社会が戦前のようになってきている感じがします。それでも同じ誤りを繰り返させないために、若い方に伝えなければなりませんね。私は誰かれ構わず話ができますし、折々各種の署名用紙を持って各地を回っています。若い人には「夫が原宿で空襲にあって……」と言うと「えっ、原宿で?」と驚きます。表参道の燈籠《とうろう》の下部が黒ずんでいるんですが、あれば空襲で焼け死んだ方の人体から出た脂なのだと説明すると驚きます。

吉田　僕は病院の職員教育で治安維持法の話をしますが、グループ討論をすると、「謝罪を求めているけれど、誰が謝罪するのか」という質問が出ます。「天皇なのか?」「いや、戦後の天皇は象徴なので政治的発言はできないのでは?」

「では国会議員が謝罪すべき?」「戦後は国民主権だからオレが謝罪するのか?」……と議論が続きます。そこで親が亡くなったときは、遺産も相続するけれど借金も引き継ぐことを例に挙げて(笑)、マイナスの歴史も引き継ぐのだという話をするんですよ。

菅野 私は浅草や銀座でも署名活動をしていて、中国、韓国や台湾の人は顔立ちが日本人と同じだから声をかけてしまうのですが、中国、韓国や台湾の人だとわかると「日本はあなたの国に迷惑をかけて……」と必ず謝ります。あるとき団体客のリーダーは日本語がわかるので通訳してくれました。すると、みんなが次つぎに私を抱きしめてくれました。

吉田 最後に、最近の「首長九条の会」で紹介された滋賀県米原市の平尾市長の取り組みを紹介します。米原では、市内の老朽化した「忠魂碑」の建て替えをするのですが、糸満市の「平和の礎」のようにしようというのです。日本兵で戦場に行った人だけでなく、外国人をふくむ戦争犠牲者、学童疎開経験者など戦争で苦しい思いをした人が刻銘できるようにする計画で、糸満に市の職員を派遣したそうです。私は、靖国神社そのもののあり方には賛同しませんが、素朴な気持ちから「お国のために戦地に赴いて亡くなった人を祭ることは当然だ」と考える人に「けしからん」とは言いません。ただ、戦争反対を主張して弾圧された人も、みなこの国の将来を真剣に考えて、国を滅ぼす戦争は止めるべきだと行動したのです。いまの日本は、戦争に協力した人だけが祭られていますが、反戦の声をあげた人は知らんぷりです。米原の取り組みは、そうした戦争犠牲者への追悼のあり方を考えるうえで参考になります。この取り組みには遺族会の人も参加しています。遺族会は自民党の支持基盤の一つですが、「二度と遺族会をつくらせてはいけない」という思いで参加されているそうです。このようにいろいろな立場・考えの人たちと一緒に、日本の将来を考えていく取り組みが大事だと思いますね。

（二〇二三年八月二一日、東京の全労連会館にて）

あとがき

わが国は「専守防衛」のはずだ。それが安保政策の大転換をよび、二二年一二月一六日には「安保三文書」改定の閣議決定をした。

これまで戦後政権が、〝違憲〟としてきた敵基地攻撃能力（反撃能力）の保有ありで、米国からの要請があれば、日米一体となり対処するとある。実に恐ろしいことだ。

私は非戦行脚で出会ったお二人の言葉を思い出し、たまらなくなる。いずれも前著『私の非戦行脚』に登場している人物だ。

世界最高齢の一一六歳で一三年に旅立った九代・木村次郎右衛門翁に、一一三歳、一一四歳、一一五歳と三度お目にかかっている。

翁の趣味の第一番はテレビで国会中継を見ること、第二は相撲中継だ。愛読するのは朝日新聞としんぶん赤旗だった。なにせ日露戦争をご存じで、くわえて敬愛する郷土・京都府京丹後市の二年先輩・倉岡愛穂《よしほ》氏を特高警察によって虐殺されている。

翁はおっしゃった。「この世にあってはならないものを一つあげるとすれば、それは〝侵略・戦争〟ではございませんでしょうか」と。

戦災孤児、吉田由美子さんは言った。「ねえ、しいちゃん。ウクライナの子どもの目を見てちょうだい。目が子どもの目じゃないのよ」。

私たちは生まれたところが目と鼻の先で、私が半年先の生まれで旧姓も同じで仲良しになった。

わが家にテレビはない。私は新聞の顔の上下を隠し、目を見た。どの子も大人びた目だ。


かつて、自民党の重鎮の異口同音の言がある。「戦争を知らない為政者たちが実権を手にしたときには、気をつけなければならない」。

そんな時代の昨今だからか、〝非戦〟の二文字があなた様のお目にとまり、本を手にしてくださったことに深くふかく感謝し、力いっぱいハグしたい思いでおります。

二〇二三年九月二日
米艦ミズリー号戦場で降伏文書に調印した日より七八年の日　　菅野　静枝

菅野静枝（すがの・しずえ）

1940年　東京下町生まれ。

高校卒業後、キャンペーンガール、テレビタレント、喫茶店店員、フランス料理店レジ係、遺跡発掘作業員、市場価格調査員、食品及び日常品の市場調査員、書店非常勤役員などの仕事に就く。

1990年に62歳の菅野武と結婚、93年に夫が死去、一周忌の日より全国非戦行脚を始める。

著書に『私の非戦行脚』（2021年、学習の友社）

非戦行脚29年——戦前にならないために

2023年10月17日　初版　　定価はカバーに表示

菅野静枝著

発行所　学習の友社

0034　東京都文京区湯島2－4－4

TEL03（5842）5641　FAX03（5842）5645

振替　00100-6-179157

印刷所　モリモト印刷

落丁・乱丁がありましたらお取り替えいたします。

ＩＳＢＮ　978－4－7617－0744－6　Ｃ0036